이 장면, 나만 불편한가요?

* 일러두기

　자음과모음 청소년 블로그 자모 지니어스(blog.naver.com/jamogenius)에서 교과연계
표와 독서지도안을 다운로드하실 수 있습니다.

미디어로 보는 차별과 인권 이야기   태지원 지음

이 장면,
나만 불편한가요?

㈜자음과모음

차례

"본부장님이 오셨대!"

드라마 속 보조연기자들이 외쳤다. 남주인공이 등장하는 장면이었다. 사람들은 양쪽으로 갈라지며 그를 위해 길을 만들었다. 남주인공은 사람들이 웅성대는 소리와 쏟아지는 시선을 아랑곳하지 않고 여주인공을 향해 성큼성큼 걸어갔다. 조금 전까지 위기에 몰려 있던 여주인공은 남주인공의 등장에 당황한 표정을 지었다.

"어휴, 뻔한 전개, 지겨워."

소파에 비스듬히 걸터앉아 드라마를 보던 지후는 투덜거리며 리모컨을 들었다. 스포츠 중계방송으로 채널을 돌릴 참이었다. 누나 지담이가 지후의 손에 들린 리모컨을 황급히 빼앗았다.

"뭐야! 한창 재미있게 보고 있는데 갑자기 왜 채널을 돌리려고 해? 너 혼자 TV 보니?"

지후의 머리를 쥐어박으며 지담이가 쏘아붙였다. 지후는 억울했다.

"안 봐도 뻔한 내용을 꼭 봐야 돼? 본부장인 남주인공이 위기에 빠진 여주인공을 구하는 거잖아. 곧 두 사람 사이에 사랑이 싹트겠지. 저런 스토리, 드라마에서 이미 수백 번은 봤어."

"그게 바로 로맨스 드라마의 법칙이라고. 남주인공이 여주인공을 구하러 와야 내용이 전개되지. 안 그럼 누가 여주인공을 구하러 오니?"

"여주인공이 스스로 위기에서 탈출하면 안 되는 거야? 그런 법칙은 대체 누가 정한 거야?"

"그건……."

지담이가 당황해서 우물쭈물하자 지후는 반격을 계속했다.

"게다가 저 남주인공의 나이는 기껏해야 서른 정도일 것 같은데 벌써 무역 회사 본부장이라고? 우리 아빠도 무역 회사에 20년 넘게 근무하고 계시지만 아직 차장이잖아."

지담이는 한심하다는 눈빛으로 지후를 바라보았다.

"바보야, 저 남주인공은 회장 아들이라고. 재벌 2세니까 당연히 젊은 나이에 본부장 자리에 오른 거지. 현실에서도 그렇잖아."

"어째서 재벌 2세가 본부장이 되는 게 당연한 거야? 세상에 당연한 게 어디 있어? 그럼 능력이 있어도 재벌 2세가 아니라서 승진 못 하는 사람들만 억울한 거잖아."

"넌 왜 드라마 내용을 하나하나 따지고 드는 거야? TV 좀 마음 편히 보면 안 돼?"

지후는 누나와의 설전에서 꼭 이기고 싶었다. 지원군이 필요했다. 지후의 시선이 잠자코 소파에 앉아 있던 삼촌에게 향했다. 삼촌은 사회학을 전공하는 대학원생으로, 말다툼에서 좀처럼 지는 법이 없었다.

"삼촌은 어떻게 생각해? 누나 말대로 드라마에 당연한 법칙이 있다고 생각해? 내가 보기에는 전부 이상한 법칙인 것 같은데."

삼촌이 지후의 질문을 가만히 곱씹어 보더니 웃으며 말했다.

"그러고 보니 드라마 속에도 의외의 법칙들이 많네. 당연하게 생각했는데, 가만히 생각해 보면 이상한 법칙이라……."

이때다 싶었는지 지담이가 삼촌에게 항변했다.

"삼촌, 지후 얘도 지난번에 연예인 얼굴 지적하면서 '예쁘고 날씬한 여자 연예인만 TV에 나와야지' 하고 중얼거리던걸? 이것도 이상한 법칙 아니야?"

"누나, 그건 당연한 거야. 누나도 TV에 잘생긴 남자 연예인 나오면 좋아하잖아."

"내가 너처럼 TV 보면서 연예인 외모 지적이나 하는 멍청인 줄 아니?"

삼촌은 옥신각신하는 남매를 한동안 진정시키느라 애썼다. 잠시 뒤, 두 사람이 비로소 조용해지자 나지막이 이야기를 꺼냈다.

"너희 말처럼 TV, 인터넷 방송, SNS 속에는 '이상한 법칙'이 담긴 장면들이 곳곳에 숨어 있어. 우리가 당연하게 여기거나 웃어넘겼지만 누군가는 웃고 넘길 수 없는 것들이지. 고정관념이나 불평등, 차별을 퍼뜨리는 법칙들 말이야."

지후는 고개를 갸우뚱했다. 우리는 웃어넘기지만 누군가는 웃을 수 없는 법칙이라고? 곰곰이 생각해 보니 삼촌의 말처럼 이상한 법칙들이 TV나 인터넷, SNS 곳곳에 숨어 있다는 것을 깨달았다. 드라마 속 재벌 2세가 비슷한 이미지로 비쳐지듯이 가난한 사람들도 비슷한 이미지로 드라마에 등장했다. 대다수가 착하고 소박한 모습으로 그려졌다. 또 방송에 나오는 아이돌은 대체로 날씬한 몸매를 가지고 있었다. 조금이라도 살이 찌면 네티즌에게 '자기 관리를 못 한다'며 지적을 받고는 했다. 당연한 현상이라고 생각했는데, 되돌아보니 당연한 것은 없었다. 그저 웃으며 지나쳤던 수많은 장면이 알고 보면 쉽게 웃지 못할 것들이었다. 지후는 머릿속이 복잡해졌다.

삼촌은 차분한 목소리로 아이들에게 더 많은 이야기를 들려주었다.

1장
정의로운 결과는
기회의 평등에서

: 미디어로 본 기회의 불평등 이야기

나의 원픽 아이돌은
왜 탈락했을까?

공정성의 민낯을 드러내다

2019년 한 오디션 프로그램의 생방송 투표 조작 사건이 밝혀져 큰 화제가 되었어. 시청자에게 유료 문자 투표를 받아 아이돌 그룹의 멤버를 뽑는 프로그램으로 매우 큰 사랑을 받았지. 그런데 이 프로그램의 일부 시즌에서 연습생별로 득표수를 조작하여 멤버를 뽑았다는 조사 결과가 나왔어. 이 사건은 검찰의 기소로까지 이어졌고, 프로그램의 PD가 유죄판결을 받기에 이르렀어.

오디션 프로그램은 오랫동안 시청자의 큰 사랑을 받아 왔어. 수많은 가수가 오디션 프로그램을 통해 스타로 발돋움하거나 음악성을 인정받았지. 문제가 되었던 프로그램 역시 무명의 아이돌 연습생들이 시청자의 사랑을 받으며 스타가 되는 데 기여했단다. 해당 프로그램의 심사와 투표 방식은 예전부터 논란이 있었어. 사실상 연출자의 선택에 따라 화면에 많이 나오는 후보들이 최종 선발되는 것이 아니냐는 이야기도 있었지. 그럼에도 불구하고 시청자 투표가 프로그램의 가장 중요한 과정이었기에 많은 사람이 관심을 가지고 지켜봤어. 시청자의 투표, 즉 대중의 선택이라는 공정한 과정이 있었기 때문이야. 그러나 투표라는 최후의 기준마저 무너졌다는 사실이 알려지자 사람들은 해당 오디션 프로그램에 크게 실망했어.

처음 오디션 프로그램이 등장했을 때 사람들은 공정성을 담보한다는 점을 중요하게 생각했어. 그래서 나름의 믿음을 쌓아 왔던 오디션 프로그램의 부정행위가 발각되었을 때 공정성을 저버렸다는 생각에 큰 실망을 한 거야. 그렇다면 사람들은 왜 공정성에 민감하게 반응하고, 공정성을 중요하게 여기는 것일까?

현대판 음서제가 살아 있다고?

한 정치인의 딸이 공기업에 비정상적인 경로로 채용된 것이 밝혀져 화제가 된 일이 있었어. 원래 이 기업은 계약직 사원 채용 의사

가 없었지만 해당 정치인의 딸을
무조건 입사시키라는 명령에 부랴
부랴 채용이 진행됐지. 이후 이 정
치인의 딸은 정규직 공채에도 수월
하게 합격했어. 놀라운 것은 그녀
가 공채 접수 기간이 한참이나 지
나고 나서야 지원서를 냈고, 지원
서에 대학교 학점 등의 필수 기재
항목도 비워 놓았다는 점이야. 인

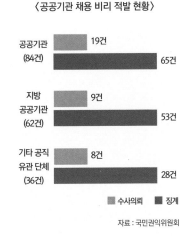

〈공공기관 채용 비리 적발 현황〉

공공기관
(84건)　　19건　　65건

지방
공공기관
(62건)　　9건　　53건

기타 공직
유관 단체
(36건)　　8건　　28건

■ 수사의뢰　■ 징계

자료 : 국민권익위원회

성검사 역시 불합격 수준이었지만 최종 합격했음이 드러났지. 평
범한 취업준비생에게 큰 좌절감을 안겨 준 사건이었어.

　이 같은 일이 특별하고 유일한 사례는 아니야. 비슷한 채용 비리
는 이미 여러 번 드러났어. 2019년 정부가 발표한 공공기관 채용 비
리 조사 결과 182건이 확인되었지. 공공기관 고위직의 자녀나 친인
척이 채용 시험을 거치지도 않고 계약직으로 채용된 후에 정규직
이 되거나, 서류 심사나 필기시험에서 낮은 점수를 받았는데도 면
접 점수가 높아 최종 합격되는 일이 빈번하게 벌어진 거야. 취업 대
란으로 많은 청년이 힘든 시기를 보내고 있는 중에 부모 덕분에 취
업에 성공한 사람들이 있었던 거지. 고용이라는 기회가 공정하게
주어지지 않은 거야.

역사를 되돌아보면 고려와 조선 시대에는 음서제(蔭敍制)라는 채용정책이 있었어. 국가에 커다란 공을 세운 신하나 지위가 높은 양반을 우대하여 그 후손을 관리로 임용하는 제도였지. 관리를 선발하는 기준이 능력이나 노력이 아니었기에 이 제도는 이름 높은 가문의 사람들이 지위를 세습하는 방법으로 자리 잡았어. 앞서 이야기한 것처럼 국회의원이나 고위직의 자녀가 특혜로 채용되었을 때, 많은 언론이 '현대판 음서제'로 표현했지. 자리에 걸맞은 능력을 지닌 사람이 아니라 단순히 부모의 사회적 지위가 높은 이들이 좋은 자리에 올랐다는 사실에 많은 사람이 좌절감을 느꼈을 거야.

채용뿐 아니라 입시에서도 불공정한 절차 때문에 끊임없이 문제가 생기고 있어. 한 고등학교에서 교사인 아버지가 자녀의 내신 성적을 올리기 위해 시험 문제의 일부를 미리 알려 준 일도 있었어. 절차의 공정성을 해친 대표적인 경우이지.

오디션 프로그램의 부정행위나 입시·채용 비리는 기회가 평등하게 주어지지 않는 대한민국의 현실을 생각해 보게 해. 한국 사회에 불공정한 일이 많다고 생각하기에 사람들은 공정성에 대해 더욱 깊이 고민하는 것이란다.

왜 공정한 선발 과정이 중요할까?

불공정한 경쟁이나 선발 과정은 어떤 문제를 일으킬까? 먼저, 해당 분야에 꼭 필요한 사람이 뽑히지 못하게 돼. 만약 공기업이나 정부 기관에 꼭 필요한 인재가 선발되지 않고 부정한 방법으로 뽑힌 사람이 자리를 채우면 조직의 기능을 제대로 수행하기 어려워. 가령 조선 말기에는 과거제도가 엉망으로 운영되었어. 합격자를 미리 정해 놓고 뽑기도 했고, 대리 시험을 치는 사람도 있었거든. 실력 있는 사람이 제외되고 실력 없는 사람이 관리로 채용되면서 국가기관이 제 역할을 하지 못했지. 이처럼 불투명한 선발 과정은 기업이나 사회기관의 역량을 떨어뜨려.

둘째, 선발 절차가 공정하지 않다는 사실은 관련된 사람들에게 좌절감과 불신을 안겨 줘. 불공정한 과정으로 특정한 자리에 선발되는 사람이 있다는 걸 알면 경쟁 자체에 의욕을 잃을 수밖에 없지. 또한 해당 분야에 대한 대중의 신뢰도도 낮아져. 결국 불공정한 선발 절차는 사람들에게 능력과 노력을 발휘할 의욕을 빼앗아 사회 발전을 저해하는 결과로 이어지는 거야.

선발 절차의 공정성이 무엇보다 중요하다는 사실을 알겠지? 그런데 이쯤에서 생각해 볼 점이 있어. 사회적 선발의 기회나 가치를 배분할 때 우리는 '공정하다' '공정하지 못하다'는 이야기를 쉽게 하지만, 그 의미가 무엇인지 물으면 명확하게 답하기 어려운 경우가 많아. '채용 과정에서 모든 사람에게 똑같이 기회를 준다면 공정한 것일까? 그렇다면 채용 과정에서 저소득층이나 장애인 전형을 따로 마련하는 제도는 어떻게 보는 것이 적합할까?' 이런 의문을 풀기 위해서는 공정성의 의미를 더 자세히 살펴볼 필요가 있어.

공정하다는 말

공정성은 '공평하고 정의로운 성질'을 뜻해. 그 의미는 '평등(Equility)'과 '형평(Equity)' 두 가지 개념으로 나누어 살펴볼 수 있어.

평등이란 사회 구성원 모두에게 차별 없이 고르고 동등한 기회를 주는 것을 말해. 만약 100미터 달리기 시합을 한다면 다 같이 똑같은 출발선에 서는 것이지. 즉, 누구나 경쟁 과정에 동등한 자격으로 참여할 수 있는 것을 의미하는 형식적 평등이라 할 수 있어. 가령 조선 시대에 평민과 천민은 국가의 관리가 되고 싶어도 사회적 신분에 따라 과거 시험 자체에 응시하기 어려웠지. 인도의 카스트 제도에서는 타고난 카스트에 따라 가질 수 있는 직업에 한계를 두고 있어. 이렇게 사회적 신분에 의거하여 존재하는 차별의 벽을 없애는 것은 '평등'을 추구하는 일이라고 볼 수 있단다.

평등의 개념을 따르면 모든 이에게 기회가 똑같이 주어지지만, 개인이 가진 능력에 따라 대가는 다르게 주어질 수 있어. 똑같이 교육 기회를 제공하고, 개인이 그 안에서 얼마나 능력을 발휘하고 노력하느냐로 각각 취할 수 있는 몫이 달라지는 거야. 높은 동기나 의욕, 노력을 가진 사람은 더 많은 성과를 가져갈 수 있고, 반대의 경우에는 상대적으로 적은 몫을 가져가겠지. 이처럼 평등은 개인의 능력과 노력의 결과로 얻어진 사회적 지위를 중시하는 업적주의에 바탕을 두고 있어.

그런데 평등의 개념에는 한계점이 있어. 앞서 이야기한 달리기 경주를 예로 들어 보자. 남성과 여성, 장애인 등 모든 사람이 출발선에 똑같이 설 경우 평등을 보장할 수 있어. 그러나 남성과 여성, 장애인 사이에는 선천적 원인으로 인한 달리기 실력에 차이가 있을 수 있거든. 이 차이가 경주 결과에 영향을 미칠 가능성 역시 크단다. 이런 경우에도 공정한 경기를 했다고 말할 수 있을까?

이처럼 선천적·후천적으로 개인이 가진 환경이 다름을 인정해야 한다는 의미에서 나온 개념이 '형평'이란다. 형평은 단순히 똑같은 기회를 제공하는 것에서 더 나아가 선천적·후천적인 차이가 결과의 차이를 불러올 수 있음을 인정하고, 이를 해소하기 위해 노력하는 것을 말해.

형평을 강조하는 경우 우리는 사회적 약자를 지원하는 일에 관

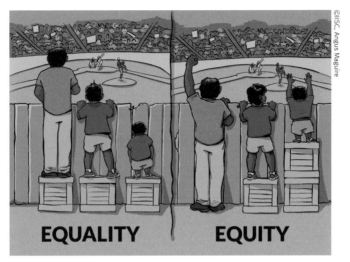

EQUALITY　　　**EQUITY**

평등과 형평의 차이점을 보여 주는 그림.

심을 갖게 돼. 즉, 남성과 여성, 장애인은 달리기 실력의 차이가 생길 수밖에 없기에 신체적 조건에 따라 각기 다른 트랙을 마련해 준다면 이는 형평을 추구하는 것이 되지.

학교 교육도 마찬가지야. 만약 학교에서 저소득층이나 소수 집단의 학력이 낮다면, 이는 그들의 타고난 환경에서 비롯된 일일 수 있어. 부모의 경제적 능력에 따라 자녀에게 주어지는 사교육 기회나 문화적 자본에도 차이가 생길 수 있겠지. 이 문제를 해결하기 위해 대학에서는 기회균등 전형이나 사회배려자 전형 등을 마련해 두기도 해. 공공기관이나 공무원 시험에서 저소득층 전형이나 장애인 전형을 따로 뽑는 것도 마찬가지야. 최근에는 평등을 넘어 형평을 강조하는 쪽으로 공정성의 개념이 점차 바뀌고 있어.

그런데 사회적 기회를 배분하는 데 있어 이것이 공정한 기회를 제공하는 것인지 아닌지 찬반 논란이 벌어지기도 해. 최근 우리 사회에서 공정성과 관련해 가장 큰 논란이 된 것은 교육 기회의 문제란다.

AI가 면접관이라면 채용이 공정해질까?

인공지능이 채용 면접을 본다면 어떻게 될까? 이는 먼 훗날에나 가능한 이야기가 아니다. 다수의 기업에서 이미 신입 사원 선발에 AI 면접을 활용하고 있다. 공공기관, 장교와 부사관을 선발하는 육군과 해군뿐만 아니라 입시에서 AI를 활용하겠다는 대학도 있다.

AI 면접은 응시자의 직무 역량, 적응력, 대응력, 신뢰도, 성장 잠재력 등을 평가할 수 있다고 한다. 딥러닝과 빅데이터를 기반으로 한 신기술을 적용한 결과이다. 인공지능이 하는 일이기에 효율적이기도 하다. 자기소개서에 표절이 있는지 문맥과 논리성에 문제가 없는지 단 3초 만에 확인할 수 있으며, 응시자 수가 늘어나더라도 일관된 평가를 할 수 있다. 기업 입장에서는 신입 사원 선발에 투입되는 비용을 크게 줄일 수 있어 이득이 된다.

무엇보다 AI 면접은 채용 비리를 줄일 수 있다는 장점이 있다. 사람이 하는 면접 심사에서는 특정 응시자에게 점수를 높게 주는 일이 가능하고, 개인의 주관성이나 편견이 개입될 수 있다. 반면 AI는 편견이나 고정관념 없이 응시자를 판단하고 심사하므로 이런 문제점을 해결할 수 있다.

그러나 AI 면접의 한계점도 존재한다. AI는 컴퓨터에 장착된 카메라와 마이크로 응시자의 표정과 눈동자의 변화, 음성의 특성과 어휘의 부분적인 정보만 알 수 있다. 이를 통해 응시자의 일관성을 전부 심사하기는 어려운 점이 있다. 응시자의 인성이나 성향, 신뢰도 등 역시 객관적이고 공정하게 평가할 수 있는 항목은 아니어서 AI 면접관이 모든 것을 대체하기는 어렵다. AI 면접을 도입하기 전에 어느 정도까지 활용 가능한 방안인지 신중히 고민할 필요가 있다.

인기 드라마 속
고3도 우울하다

드라마에 비친 입시의 현실

2019년 드라마 〈SKY 캐슬〉이 큰 인기를 얻으며 방영되었어. 자녀
를 명문대에 진학시키기 위해 애쓰는 상위 계층의 다양한 욕망을
다룬 이야기야. 입학사정관제도, 입시 컨설턴트 등 현재 우리나라
대학 입시를 둘러싼 현실을 풍자하는 내용이 담겨 있어 화제가 되
었단다.

　사람들은 이 드라마를 통해 입시제도와 교육을 둘러싼 대한민
국의 현실을 돌아보게 되었어. 대학 진학은 학생에게도 학부모에
게도 매우 중요한 사안 중 하나야. 우리나라의 경우 초중고등학교
12년 교육의 성패가 대학 입시로 판가름난다고 생각하는 사람이

많지. 우리나라에서 대학 진학은 어째서 이렇게 중요한 일이 되었고, 왜 많은 부모가 자녀 교육에 매달리게 되었을까?

교육은 기본적으로 사회에 전해 내려오는 문화유산과 가치를 전달해 주는 중요한 역할을 해. 규율 존중, 근면성 등의 생활 태도를 아랫대에게 전하고 사회를 통합시키는 기능 역시 가지고 있지. 뿐만 아니라 인력 양성을 통해 사회의 필요한 곳에 인원을 배치하고 분류하는 기능을 수행하기도 해. 신분에 따라 하는 일이 정해졌던 과거와 달리, 현대의 개방된 사회에서는 졸업한 학교와 학력이 사회적 지위를 정하는 중요한 요소가 되기도 해. 전문직이나 관리직에는 주로 고학력자를, 미숙련 단순 노동직에는 저학력자를 배치하는 방식이 그 예지.

특히 한국은 6·25전쟁 이후 기존의 신분제도와 사회 계층이 급격하게 무너지면서 계층 간 이동이 활발하게 이루어졌어. 적절한 위치에 인력을 배분하기 위해서는 일정한 기준이 필요했지. 이때 중요한 기준으로 작용한 것이 바로 교육 수준이야. 가난한 집안에서 태어났더라도 공부를 열심히 해서 좋은 대학을 졸업하고 관리직이나 전문직에 진출해 사회적 계층 상승을 하는 경우도 비교적 흔했어. 교육이 계층을 바꿀 수 있는 강력한 사다리 역할을 한 거야. 덕분에 한국은 전 국민의 교육열이 그 어떤 나라보다 강력한 국가가 되었단다.

"개천에서 용 난다"는 말은 교육이 사회적 지위 이동을 가능케 하는 수단이 되었던 시대에 유행하던 이야기였어. 그러나 어느 순간부터 사람들은 더 이상 개천에서 용이 나지 않는다고 생각하게 되었지. 우리 사회에 어떤 변화가 나타났기 때문일까?

더 이상 개천에는 용이 없다

2018년 한국경제연구원에서는 자녀의 학력이 소득 계층 대물림에 미치는 영향을 연구했어. 아버지 세대와 자녀 세대를 나누어 두 세대 사이에 교육의 정도와 소득이 어떻게 대물림되는지 살펴본 거야. 소득 계층 상위 50%인 아버지의 표본을 분석한 결과 자녀의 학력이 1년 증가할수록 부의 대물림 확률은 5.7~7.0% 증가했어. 반대로 소득 계층 하위 50%인 아버지의 경우 자녀의 교육 연수는 계층 이동에 별다른 영향이 없는 것으로 나타났지. 이는 무엇을 의미할까? 교육이 고소득층의 세대 간 부의 대물림에는 도움을 주지만, 저소득층의 세대 간 계층 상승에는 도움이 되지 않음을 뜻해. 오히려 저소득층은 길어진 자녀교육 기간 때문에 '교육 푸어(Poor)' 계층이 될 가능성이 높아.

왜 이런 일이 벌어졌을까? 전문가들은 한국의 '교육 거품' 현상을 원인으로 지적했어. 우리나라의 경우 4년제 대학교 졸업은 이제 그렇게 특별한 일이 아니야. 그에 반해 졸업한 학교에 따라 나타나는 임금 격차는 확대되고 있는 실정이지. 대학 입학 이후에도 고소득자의 자녀는 외국어 등 다양한 교육에 투자를 계속하기 때문에 같은 4년제 대학교를 다니더라도 질적으로 좋은 교육을 받아. 그리고 이것이 소득 격차로 이어질 수 있지. 이제는 단순히 4년제 대학교에 진학하기보다 상위권 대학에 진학해야 성공할 수 있다는 인식이 널리 퍼진 것도 이런 현상을 반영한단다.

2018년 한 국회의원이 국가장학금 신청자를 바탕으로 서울 주요 대학의 고소득층 자녀 비율을 추정한 적이 있어. 이른바 'SKY'라고 불리는 서울대학교, 고려대학교, 연세대학교 세 곳에 월 소득 903만 원 이상인 고소득층 자녀의 비율이 약 46%로 나타났어. 다른 대학의 2배에 가까운 비율이었지. 전국 최상위권 학생들이 간다는 의학대학의 경우에는 이러한 경향이 더욱 심해서 고소득층 자녀의 비율이 무려 55%에 달했어.

이 연구 결과는 부모의 사회경제적 지위가 교육이라는 매개를 통해 자녀에게 대물림될 수 있음을 짐작하게 해. 과거 한국 사회에서 주효한 동력으로 작용했던 교육을 통한 신분 상승이 어려워졌다는 이야기지.

교육의 계층 사다리 기능은 사라지고

〈SKY 캐슬〉에는 대학교수 집안의 자녀가 높은 비용을 지불하고 입시 컨설팅을 받는 장면이 나와. 상류 계층의 자녀가 특강이나 고액 과외, 수시 입학을 위한 스펙 쌓기에 유리한 환경을 가졌음을 짐작하게 하는 내용이었어.

실제 부모의 소득수준이 높을수록 사교육비에 많은 돈을 들일까? 2019년 통계청의 조사에 따르면, 소득수준이 높을수록 사교육 참여율이 높고 지출하는 사교육비도 높은 것으로 나타났어. 소득에 따라 사교육비가 최대 5배 정도 차이 나는 것으로 밝혀졌지.

또, 고등학생들을 성적 구간으로 나누어 사교육비와 참여율을 조사한 결과, 성적이 상위에 있는 학생일수록 월평균 사교육비와

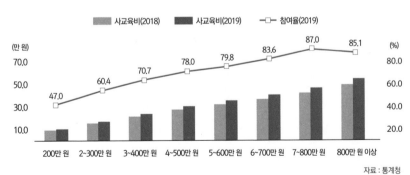

〈부모의 소득에 따른 자녀의 사교육 참여율과 사교육비〉

자료 : 통계청

참여율 모두 높다는 점도 알 수 있었어. 사교육을 받은 학생이 그러지 않은 학생보다 비교적 더 높은 성적을 거두고 있음을 보여 주는 결과였지. 소득수준이 높을수록 더 많은 돈을 자녀의 사교육에 지출할 수 있고, 이에 따라 교육 성과 역시 다르게 나타날 수 있음이 드러난 거야.

드라마 속에서는 의대 진학을 꿈꾸는 자녀가 의사인 아버지가 일하는 대학병원을 견학하며 입시를 위한 '스펙'을 쌓는 모습이 나와. 실제로 많은 대학교수의 자녀가 대학 논문의 공저자로 이름을 올려 대입에 활용한 일이 밝혀져 논란이 된 적도 있어. 대학 입시를 위한 스펙을 쌓는 데 부모의 사회경제적 지위를 활용할 수 있음을 보여 준 사례지. 더구나 대입 전형이 복잡해지고, 관련 정보를 얻을 수 있는지가 입시에 중요한 역할을 하면서 입시 정보를 수집하기 위해 부모의 경제력과 정보력이 필수적으로 작용하게 되었어.

부모의 사회경제적 지위가 대학 입시에 많은 영향을 미친다면 교육의 계층 사다리 기능은 점차 무너지고 계층 대물림이 심화될 가능성이 커져. 이 때문에 대입 전형을 손보거나 공교육의 정상화를 이뤄야 한다는 목소리가 점점 커지고 있단다.

대학 피라미드에 숨겨진 진실

〈SKY 캐슬〉 속 대학교수 아버지는 고등학생 아들에게 '피라미드 꼭대기에 올라가야 한다'고 강조해. 그의 말에 따르면, 능력에 따라 피라미드 꼭대기에서 가장 아래쪽까지 나눌 수 있고, 이를 나누는 가장 중요한 기준은 '학벌'이야. 그러므로 피라미드 꼭대기에 올라가려면 최상위권 대학에 들어가야 한다고 역설하지.

온라인 입시 커뮤니티나 SNS에 떠도는 이야기 중 '대학 서열화'에 관련된 내용이 있어. 대학을 최상위권부터 최하위권까지 나누어 줄을 세우거나 등급을 나눈 피라미드 그림이야. 특정 대학을 어떤 등급에 넣어야 할지를 두고 댓글로 논쟁을 벌이는 광경도 온라인에서 흔히 볼 수 있는 모습이지.

과거 한국 사회는 노력과 능력에 따라 보상을 받고, 그에 따라 사회경제적 계층이 나뉜다고 믿었어. 이런 생각은 능력을 중시한다는 의미에서 '능력주의' 또는 '업적주의'라고 불러. 특히 우리나라의 업적주의 아래에서는 학업 성적에 따라 진학하는 대학이 사람의 능력을 나누는 중요한 기준이 되고는 했어. 명문대에 다니는 학생은 좋은 성적을 거두고 좋은 대학에 갔기 때문에 열심히 노력한 사람으로 생각하고, 지방대에 다니는 학생은 그 반대의 경우로 치부했지. 진학하는 대학에 따라 사회가 요구하는 능력과 경험을 짐작할 수 있다는 생각이 있었어.

이런 사고방식은 결국 지방대 학생에 대한 차별과 비하로까지 이어졌어. 최근에는 지방대학을 비하하는 단어나 표현을 일상적으로 쓰기도 해. 한 입시 관련 업체의 조사에서 대학과 전문대학을 중도 포기한 학생(2016~2019년 총 42만 명) 중 상당수가 지방대의 꼬리표, 학교 차별을 피하기 위해 새로운 선택을 한 것으로 드러났어.

수능 점수나 고등학교 내신성적의 차이로 진학하는 대학이 달라진다는 것은 누구나 알아. 그런데 그런 점수가 한 인간을 평가할 수 있는 '모든 능력'의 차이를 나타낼까? 10대 시절의 학습 능력 평가로 평생의 능력을 평가하고, 이를 바탕으로 개인을 멸시하거나 차별하는 일이 합당할까?

명문대와 지방대 진학을 가르는 원인이 '개인의 능력'만이라고 단정 지을 수는 없어. 앞에서 살펴보았듯 부모의 소득수준이 자녀의 사교육과 성적, 대입에도 영향을 미칠 수 있거든. 부모의 사회경제적 지위가 교육에 대물림되는 분위기를 바꾸기 위해서는 공교육을 더 충실하게 하고 대학 진학 시스템을 개선하려고 노력해야 해. 이에 대해서는 이미 많은 사람이 수긍하고 있어. 그럼에도 불구하고 불합리한 진학 시스템이나 교육의 문제점에 대해 생각하기보다는 개인의 능력과 노력 부족을 이유로 지방대 학생을 비하하거나 차별하는 풍조가 우리 사회에 널리 퍼져 있어. 논리적 모순이 존재하는 거지.

지방대를 폄하하는 표현 자체도 문제지만 그 밑바탕에는 출신 학교로 차별하는 사회 구조 역시 존재한다는 점이 더 큰 문제야. 기업이나 공공기관에서 채용 시 지방대를 졸업한 학생에게 불리한 평가를 한다든가, 특정 대학 출신이라는 이유로 유능하거나 무능하다고 평가하는 분위기가 있어. 채용 과정에서 지역별로 할당한다든가, 지방대학에 정부의 교육 지원금을 우선 배분하는 등의 사회적 제도 개선이 필요한 시점이야.

학벌을 기준으로 사람을 피라미드처럼 나누어 계급화하고 서열화하는 분위기가 개선되지 않는다면 아마 지방대 비하 표현은 사라지기 어려울 거야. 피라미드의 가장 위쪽에 존재하는 사람들에게 온갖 혜택을 주고 지나치게 많은 보상을 주는 것이 당연하다는 분위기, 그 아래에 있는 사람들은 멸시당해도 좋다는 분위기를 바꿀 필요가 있어. 승자가 모든 것을 가져가도 괜찮다는 과도한 능력주의는 피라미드 꼭대기에 올라가지 못하는 사람들에게 영원히 고통을 줄 테니까 말이야.

카스트제도, 인도의 사회 발전을 발목 잡다

2017년 인도에서 놀라운 일이 벌어졌다. 인도의 불가촉천민 출신인 람 나트 코빈드가 대통령으로 선출된 것이다. 불가촉천민은 인도의 계급제도인 카스트제도의 최하층에 속하는 가장 낮은 신분을 뜻한다.

카스트제도는 인도에서 오래 지속된 신분제도이다. 크게 브라만, 크샤트리아, 바이샤, 수드라의 네 계급과 불가촉천민인 달리트로 나뉘며 실제로는 그 안에 더욱 세분화된 계급이 존재한다. 같은 계급이 아닌 이들끼리는 결혼이 성사되지 않고 카스트제도 안에서 정해진 직업도 대물림될 정

〈인도의 카스트 계급별 대표 직업〉

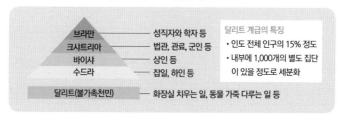

도로 강력한 힘을 발휘하고 있다.

인도의 헌법은 계급제도에 의한 차별을 금지하지만, 카스트제도는 여전히 인도 사회에서 관습적으로 엄청난 영향력을 발휘한다. 2016년 인도 100대 기업의 최고경영자 중 단 4명만이 카스트제도에서 상위 계급이 아니었고, 대학 등 고등교육기관에서 불가촉천민 계급 학생들은 공공연하게 차별을 받는다. 인도 전체 인구의 15%에 달하는 불가촉천민이 교육과 취업에 있어 불리한 상황에 놓여 있음을 알 수 있다.

인도 정부는 이러한 문제를 해결하기 위해 '긍정적 차별(Positive Discrimination)' 정책을 실시하기도 한다. 이는 달리트 출신에 대한 다양한 사회 우대 정책을 의미한다. 인도 정부는 제도적으로 다른 계급 출신에게는 대학 진학, 공무원 임용, 공공기관 채용 등에 특별한 혜택을 주지 않지만 달리트 계급에 대해서는 인구 비율(15%)만큼 채용하도록 했다. 이 제도는 사회경제적으로 열악한 상황에 놓인 달리트 출신의 사회 진출을 최대한 돕기 위해 마련되었다. 람 나트 코빈드 역시 이런 제도를 통해 주류 사회에 진입하여 대통령 당선까지 이른 것이다.

그러나 아직 갈 길이 멀다. 인도의 카스트제도처럼 신분 이동이 어려운 폐쇄적 사회에서는 인력이 적재적소에 배치되기 어렵고, 개인이 능력이나 노력을 충분히 발휘하기 어렵다. 사회 갈등과 분열의 가능성도 커 성장과 발전이 더딜 수밖에 없다.

그들은 어떻게
본부장이 되었나?

재벌이 뭐길래

재벌(財閥). 미디어에서 발에 채이도록 자주 접할 수 있는 단어야. 재벌 2세의 사랑을 그린 드라마, 재벌 2세의 사생활이나 승계 구도를 다루는 뉴스, 심지어 요즘에는 SNS나 온라인 커뮤니티에도 재벌 2세의 패션이나 생활 모습이 담긴 게시물을 자주 볼 수 있어.

재벌은 정확히 무엇일까? 옥스퍼드 영어사전에 등재되어 있는 의미를 찾아보면, 재벌은 '가족이 소유한 대규모 기업 집단'이야. 그런데 이 앞에 붙어 있는 말이 있어. 'In South Korea' 즉 한국에서 사용되는 용어라는 뜻이란다.

한국에서 사용되는 용어라니? 다른 나라에는 재벌이라는 단어 자체가 없는 것일까? 맞아. 외국에는 재벌이라는 개념이 구체적으로 존재하지 않아. 재벌은 보통 여러 회사로 이루어진 복합 기업 중에서도 가족이나 일가친척으로 구성된 기업 집단을 말해. 예를 들어, '삼성'이라는 기업은 삼성전자, 삼성중공업 등 여러 개의 기업으로 이루어져 있어. 그리고 각 기업의 오너는 보통 한 집안 사람으로 구성된 경우가 많지. 이는 우리나라 대기업에 주로 해당되는 이야기야.

사실 재벌이라는 말은 근대 일본의 '미쓰이'나 '미쓰비씨' 등의 기업에서 시작되었어. 그렇지만 제2차 세계대전 이후 미국이 일본을 관리하면서 자이바쓰(재벌을 뜻하는 일본어)가 경제에 나쁜 영향을 끼칠 수 있다는 이유로 대부분 사라졌지. 덴마크의 '레고 그룹'이나 인도의 '타타 그룹' 등도 가족이 소유하고 운영하는 기업이지만, 재벌이라는 용어가 일상적으로 쓰이는 나라는 대한민국뿐이란다.

우리나라의 재벌은 언제부터 생겨났을까? 한국 정부는 경제개발계획을 세우면서 1960년대부터 대기업 위주의 성장정책을 실시했어. 이에 따라 가족이 운영하는 기업이 성장하게 되었지. 1990년대 후반 IMF를 거치면서 많은 대기업이 도산하고 수많은 기업이 해체되었고, 살아남은 재벌기업에게 국가의 경제력이 집중됐어. 경제개혁연구소에서 2018년 국내 기업의 매출액 비중을 조사한 결과, 우리나라 5대 재벌과 20대 재벌이 차지하는 비중이 각각

40%와 60%에 육박하는 것으로 나타났지. 2007년과 2017년을 비교했을 때 10년 사이에 비중이 커진 것도 주목할 만한 내용이야. 그만큼 상위 재벌에게 경제력이 집중되었음을 의미하는 셈이지.

재벌에게 부가 집중되고 있다는 것은 그 외의 국내 중소기업이 고루 성장하지 못했음을 의미하기도 해. 재벌은 전자나 중공업, 건설, 금융이나 유통까지 여러 분야로 진출하여 사업을 확장하고 있고, 그렇게 확장한 계열사가 60~80개까지 존재하는 실정이야. 이들이 막강한 자금을 바탕으로 수많은 사업에 진출하면서 중소기업은 경쟁에서 이기기 힘들어졌지. 그렇다 보니 재벌이 소유한 대기업이 중소기업의 업종을 침범하거나 불공정 거래를 요구하는 일이 종종 생기기도 해.

대기업과 중소기업 간의 임금 격차 등의 문제가 양극화를 부르기도 하지. 미국의 구글이나 아마존은 우리나라의 재벌기업에 비하면 역사가 짧지만 새로운 혁신을 시도하며 업계 최고로 거듭났어. 새로운 기업들이 생겨나고 작은 기업들도 혁신을 시도해야 좋은 일자리가 많이 늘어나는데, 우리나라에서는 그런 일이 점점 어려워지고 있어. 또한 소수의 재벌기업에게 기대다 보니 이 기업들이 무너지면 국가 경제가 휘청할 위험성도 커지고 있지.

부의 대물림은 당연한 것일까?

이쯤 되면 의문이 생길 수 있어. 현실 속 재벌의 문제점과 드라마 속 재벌의 모습이 무슨 상관이냐고 말이야. 현실과 드라마는 엄연히 다른 차원의 세계인데, 가상의 이야기인 드라마 속 재벌의 모습에 왜 문제를 제기하는지 의아할 수 있어.

현실 속 재벌기업은 소유와 경영이 분리되지 않는다는 점에서 지적을 받고 있어. 회사의 지분을 가장 많이 소유한 사람이 회사를 경영하고, 또 그의 뒤를 이어 자녀가 회사를 경영하는 것이 당연시된다는 것이지. 반면에 대부분의 미국 회사는 창업자가 물러나면 전문 경영인을 고용해 그 자리를 잇도록 하고 있어. 예를 들어, 마이크로소프트의 창업자는 빌 게이츠지만 자녀가 기업을 물려받아 운영하는 구조가 아니야. 빌 게이츠는 2008년 마이크로소프트 회장직을 은퇴하고 자선재단을 세워 기부 활동을 계속하고 있어. 그의 자녀들은 마이크로소프트의 경영권을 물려받지 않고 아버지와 무관한 일을 하면서 살고 있단다. 110년 역사를 가진 미국의 최대 물류 회사 UPS의 경우 임원의 친인척을 회사에 고용할 수 없다는 회사 규칙이 있어.

물론 가족 경영을 하는 해외의 패션 기업이나 식품 기업들도 있어. 이탈리아의 초콜릿 제조사 '페레로 로쉐'나 덴마크의 '레고 그룹'이 그 예야. 그중 대다수는 소유주로 이어지는 장인정신을 강조하기 때문에 가족이 기업을 물려받아 경영하는 경우가 많단다. 게다가 우리나라처럼 여러 계열사를 거느리고 사업을 확장하는 경우는 드물어.

반면 한국의 대다수 재벌은 자녀와 친인척에게 경영권이 세습되고 있어. 경영 능력이 검증되지 않았어도 창업주의 아들로 태어났다는 이유만으로 경영 세습을 하는 것이 일반적이야. 수많은 직원의 밥벌이와 대한민국 경제에 지대한 영향을 끼치는 주요 기업들의 운명을 가문의 자손에게 맡기는 셈이지. 따지고 보면 재벌기업 역시 수많은 주주의 투자를 받아 운영되는 주식회사의 일종이야. 그런데 이런 기업을 재벌이 마음대로 좌지우지할 수 있는 '가족의 소유'로 여기는 인식이 우리나라에는 널리 퍼져 있어.

게다가 재벌 2세나 3세에게 기업을 승계하는 과정에도 문제가 있어. 이와 관련된 흥미로운 조사가 있었단다. 2016년 미국의 한 경제연구소가 자산 10억 달러 이상의 억만장자 명단을 분석했어. 그 결과, 한국은 상속을 받아 억만장자가 된 사람의 비중이 74%에 달했어. 핀란드, 쿠웨이트, 덴마크, 아랍에미리트에 이어 세계에서 다섯 번째로 높은 순위였지. 미국이나 중국, 일본, 영국에 비해 훨씬 높은 수치를 기록했다는 점이 인상적이야. 특히 같은 동아시아 국가인 중국이나 일본은 자신이 창업하여 억만장자가 된 사람이

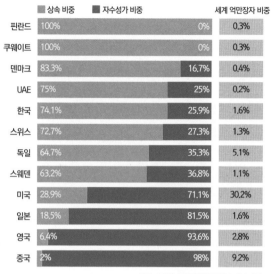

자료 : 피터슨국제경제연구소(2014년 기준)

각각 81.5%, 98%에 이르렀는데 우리나라는 25.9%에 머물렀다는 사실이 특이하다는 것을 알 수 있지.

이 조사 결과는 무엇을 뜻할까? 한국은 1960년대 이후부터 대기업 위주의 경제성장정책을 실시했기 때문에 처음부터 많은 자본을 지니지 않은 사람은 상대적으로 사업에서 큰 성공을 거둘 가능성이 적어졌다고 전문가들은 말해. 게다가 기존 재벌이 편법적으로 상속하고 있어 상속형 부자가 늘어나고 있단다. 세계적으로 자수성가형 부자의 비중이 늘어나고 있음에도 불구하고 우리나라는 상속형 부자의 비중이 높은 현상도 이와 관련이 있어.

우리나라에서는 재벌 2세나 3세, 친인척을 위한 계열사를 만들어 재벌기업의 일감을 몰아주거나 주식 지분을 불법으로 물려주는 등의 방식으로 가업을 잇는 일도 비일비재하게 일어나. 상속이나 증여(한 사람이 다른 사람에게 자기 재산을 무상으로 넘겨주는 것)를 할 때 들어가는 세금이 어마어마하기 때문이지. 그리고 재벌이 불법이나 탈법을 저질러도 처벌은 미약한 편이라 비슷한 일이 계속 벌어지고 있단다.

재벌 2세 나오는 드라마 다시 보기

드라마에서는 기업이 재벌의 '사적 소유물'이라는 생각이 당연한 것처럼 비춰지고 있어. 재벌 2세는 회장의 아들일 뿐만 아니라 경영 능력까지 갖춘 인물로 나오는 경우가 많은데, 젊은 나이에 높은 자리에 앉거나 경영을 승계하는 것이 당연한 일로 묘사되지. 이런 장면을 보면 재벌 2세나 3세가 일찌감치 높은 자리에 오르는 것이 이상해 보이지 않아. 그러나 자세히 따져 보면 그들이 꼭 뛰어난 능력이나 노력만으로 높은 자리에 앉는 건 아니야. 특히 검증되지 않은 능력으로 그 자리를 차지했을 때에는 그보다 능력 있고 노력을 기울인 누군가의 기회를 빼앗은 셈이지. 현실뿐 아니라 드라마 속에서도 자주 벌어지는 일이야. 이미 현실에서는 경영권 가족 세습이 4세까지 이어진 대기업도 많아. 창업자의 경영 능력까지 유전되는 건 아닐 수 있기에 경영권 세습은 후진적인 경영 구조에 해당한다는 비판도 많지.

재벌이 나오는 드라마를 재미있게 보는 것은 개인의 자유야. 그러나 이런 장면을 볼 때 재벌 가문의 자녀가 빠르게 승진하고 경영권을 물려받는 구조에 대해 의문을 가져 볼 필요는 있어. 불공평한 현실을 당연하게 여기면 공정하지 못한 구조가 사회에 더욱 공고히 뿌리 내릴 수 있거든. 재벌이라는 집단의 불법이나 편법적인 경영, 경영 승계 등의 문제점을 한 번쯤 생각해 볼 필요가 있단다.

더
알아보기

불평등을 바라보는 두 가지 시선

우리가 살아가는 사회는 평등하지 않다. 가령 똑같은 시간을 일해도 의사와 환경미화원의 보수, 사람들의 인식 등이 다르다. 사회학에서는 이러한 불평등 현상을 바라보는 두 가지 시선이 존재한다.

첫 번째, 기능론적 관점에서는 개인의 능력이나 역할의 기여도에 따라 사회적 희소가치가 서로 다르게 분배된다고 본다. 이 관점에서는 의사의 진료 행위가 환경미화원의 청소 업무보다 더 많은 교육과 전문 능력이 필요하다고 본다. 이러한 이유로 의사의 진료 행위에 더 많은 보상이 주어지다 보니 어쩔 수 없이 사회 불평등 현상이 나타났다는 것이다. 기능론적 관점에서 보았을 때 사회 불평등 현상은 부정적 역할만 하지 않는다. 사람들은 더 많은 보상을 얻기 위해 중요한 일을 희망하고, 능력을 키우기 위해 노력하기 때문이다. 기능론에 따르면 능력과 노력에 더 많은 보상을 지급하는 것은 사회에 적절한 인재를 충원할 수 있고, 사회 발전에 도움을 줄 수 있다.

두 번째, 갈등론적 관점에서는 환경미화원의 청소 업무와 의사의 진료 행위는 모두 사회적으로 중요한 기능을 하고 있다. 다만 지배 집단에 유리한 기준으로 의사의 진료 행위에 더 많은 자원이 배분되면서 사회 불평등이 일어났다고 본다. 가정환경이나 권력, 경제적 능력이 뒷받침되는 사람이 의사와 같은 전문적인 일이나 높은 지위에 올라 더 많은 지위와 부를 누린다는 것이다. 갈등론적 관점에서 보면 이런 불평등 때문에 지배 집단이 아닌 사람에게 상대적 박탈감이 생기고, 지배 집단과 피지배 집단 사이에 갈등과 불신이 발생하여 사회의 발전을 저해한다.

	기능론적 관점	갈등론적 관점
계층 발생 원인	개인의 능력, 역할의 기여도에 따라 사회 가치가 다르게 분배	지배 집단의 기득권 유지에 유리한 방향으로 사회 가치가 다르게 분배
사회 불평등에 대한 관점	차등적 보상체계	집단 간의 적대감과 불신 조장
자원 배분 기준	개인의 능력과 자질에 따라 합법적으로 배분	지배 집단에 유리한 기준 → 가정환경이나 권력, 경제적 기준
사회 계층 현상의 사회적 기능	개인과 사회가 최선을 다하게 함으로써 인재 충원, 사회 발전에 도움	상대적 박탈감과 집단 간 갈등 유발

2장
타고난 성별을 넘어서다

: 미디어로 본 양성평등 이야기

사고뭉치 주인공을
누가 구할까?

왜 여주인공은 실수하고 남주인공은 해결할까?

2019년 한 여성단체와 한국양성평등교육진흥원이 웹드라마 속에 존재하는 성차별적 내용을 분석해 발표했어. 그중 대표적인 것이 '사고뭉치 여주인공'과 '해결사 남주인공'의 클리셰(Cliché, 드라마나 영화 속에서 자주 쓰이는 진부한 장면이나 판에 박힌 줄거리)였단다.

드라마 속 여성은 남성에 비해 실수를 자주 하거나 다치고, 자신의 의사 표현을 제대로 하지 못하는 경우가 많았어. 사고뭉치에 위기를 자주 겪는 여성을 구하러 오는 것은 주로 남성이었지. 남성은 여성이 위기나 갈등 상황에 몰릴 때마다 등장해 그들을 구하는 역할을 담당했어. 즉, 남성이 보호자, 해결사 역할이라면 여성은 보호받는 사람, 도움받는 사람의 역할에 있었던 셈이야.

사람은 각각 자신이 가진 지위에 따라 그 역할이 있어. 가령 교사는 학생을 가르치고 지도하는 역할을, 부모는 자녀를 키우고 돌보는 역할을 하지. 성별에 따라서도 사회에서 기대하는 역할이 있는데, 이를 '성(性) 역할'이라고 해. 대다수의 드라마에서 여성에게는 보호나 도움을 받는 사람, 남성에게는 여성을 보호하거나 문제를 해결하는 사람으로 역할을 부여하는 것도 이런 맥락이지.

사람들은 은연중에 드라마를 보면서 남성과 여성의 역할이 어떠해야 한다는 생각을 갖게 돼. 어떤 이는 이런 성 역할의 공식이 당연한 것이라고 여기기도 하지.

파란 옷 줄까 분홍 옷 줄까?

한 가지 실험을 해 보자. 5~7세 남자아이와 여자아이에게 다음 목록에서 원하는 것을 2개씩 골라 보라고 하는 거야. 이때 두 아이는 각각 어떤 것을 골랐을까?

- 파란색 상의
- 분홍색 상의
- 장난감 트럭
- 바비 인형

아마도 남자아이는 파란색 상의와 장난감 트럭, 여자아이는 분홍색 상의와 바비 인형을 고를 것이라고 대부분 예상할 거야. 실제로 남자아이와 여자아이가 자기의 성별을 대표한다고 생각되는 색깔의 옷 또는 장난감을 선호하는 게 사실이야. 그렇다면 우리의 취향은 태어날 때부터 성별에 따라 특정한 장난감이나 색깔을 좋아하도록 설계되어 있는 걸까?

남성과 여성은 태어날 때부터 염색체나 호르몬, 신체 구조 등이 달라. 이것을 바로 '생물학적 성'이라고 표현해. 사람들은 오랫동안 생물학적 성에 따라 남성과 여성이 자연스럽게 각기 다른 취향을 가지고 특정한 상황에서 다른 행동을 한다고 생각해 왔어. 그래서 생물학적 성에 맞지 않는 취향이나 사고를 가진 이를 '비정상'이라고 분류하는 일도 흔했지.

사회가 변하면서 점차 여기에 의문을 가지는 사람이 생겼어. 1963년 미국의 정신과 의사 로버트 스톨러는 국제정신분석학대회에서 생물학적 성과 구분되는 문화 영역에서의 성, 즉 '사회적 성'이라는 것을 언급하며 이것을 젠더(Gender)라는 용어로 표현했어. 이후 심리학 및 사회학 분야의 학자들이 주로 젠더 이론을 연구하기 시작했단다.

젠더 이론에 따르면 남성이나 여성은 생물학적 특성이 아니라 문화적 배경이나 사회적 학습에 의해 자신의 성별에 따른 역할이나 정서, 성격을 갖게 된다고 해. 오랫동안 이어져 왔던 '남성과 여성은 태어날 때부터 생물학적 성에 따라 특정한 취향과 사회적 행동을 보인다'라는 생각에 전환점을 가져온 셈이야. 예컨대 태어날 때부터 파란색보다 분홍색을 좋아하는 남자아이가 있다고 해 보자. 이 아이는 성장 과정에서 부모나 주변인으로부터 '남자는 분홍색보다 파란색을 좋아해야 한다'는 사회적 학습 과정을 거치게 될 거야. 부모가 남자아이에게서 인형이나 분홍색 옷을 빼앗고, 트럭 장난감과 파란색 옷을 주는 경우도 흔하지. 이러한 학습 과정을 통해 남자아이는 트럭 장난감, 파란색 옷으로 관심을 돌리게 돼.

발레 하는 남자

고정관념은 어떤 사회집단의 특성이나 역할 등에 대해 사람들이 가지고 있는 생각을 말해. '남자라면 스포츠를 좋아할 것이다'라는 고정관념을 가졌다고 가정해 보자. 그럼 어떤 남성을 만났을 때 별다른 고민 없이 스포츠와 관련된 이야기를 대화 주제로 꺼낼 수 있을 거야. 이처럼 고정관념은 낯선 상대를 만났을 때 짧은 시간 안에 상대를 판단할 수 있게 도와주기도 해.

고정관념은 빠르고 편리한 사고 과정을 위한 하나의 도구야. 만약 기존의 고정적인 성 역할에 정확히 들어맞는 취향이나 특성을 가진 사람이라면 성별에 따른 고정관념이 큰 문제가 되지 않겠지. 예를 들어 로봇과 트럭 장난감, 파란색 옷을 선호하며 스포츠를 좋아하고 호전적이거나 적극적인 성격의 남성은 성 역할에 대한 고정관념을 불편하게 느끼지 않을 수 있어.

그러나 성 역할에 부합하지 않는 취향과 특성을 가지고 있는 사람도 많아. 스포츠 관람보다 자수 놓기를 좋아하거나 파란색보다 분홍색을 선호하는 남성도 있지. 이런 남성에게 성 역할 고정관념은 괴로운 것이 될 수도 있어. 고정관념에 맞지 않는 이들에게 세상은 '비정상'이라는 낙인을 찍을 수 있기 때문이야. 이러한 낙인이 차별이나 혐오라는 결과로 이어지기도 한단다.

〈빌리 엘리어트〉라는 영화를 본 적 있니? 주인공 빌리는 1980년대 영국 탄광촌에서 살아가는 평범한 소년이야. 우연히 발레 수업을 엿본 빌리가 무용 동작을 흉내 내다가 자신이 춤에 재능이 있음을 깨닫지. 그러나 얼마 지나지 않아서 발레 하는 남자에 대한 비판적인 시선과 맞닥뜨리게 돼. '발레는 여자들이나 하는 것'이라고 생각하는 아버지는 빌리의 무용 수업을 반대하지. 이 영화는 발레라는 무용에 대해서 우리가 가지고 있을지 모르는 고정관념을 돌아보게 한단다.

'발레'라고 하면 흔히 무대에서 우아한 동작을 하는 여성, 즉 발

애드가 드가의 〈무대 위 발레 리허설〉(1873).

레리나를 상상하곤 해. 반면에, 권투를 생각하면 훅을 날리는 남성의 모습이 떠오르는 경우가 많아. 고정관념 속에서 발레를 좋아하는 남성과 권투를 좋아하는 여성은 흔하지 않은 존재, 때로는 비정상적인 존재가 되기도 하지.

리벳 박는 여자

남성과 여성이 사회 속에서 수행하는 역할은 어째서 다르게 설정되어 있을까? 신체 구조나 선천적으로 타고난 물리적 힘에 차이가 있어서 수행 역할이 달라지는 경우도 있어. 여성은 출산이 가능한 신체 구조를 가졌기 때문에 예전부터 육아와 돌봄, 집안일을 도맡아 하는 경우가 많았어. 반면 상대적으로 힘이 강하고 출산이 불가능한 남성은 바깥에 나가 채집 또는 사냥을 하거나 생활에 필요한 생산 활동에 힘써 가족을 부양하는 일에 종사하는 경우가 대부분이었어. '남자는 바깥일, 여자는 집안일'을 한다는 공식이 오랫동안 이어져 온 거야.

산업사회가 시작된 이후에도 성별에 따라 적합한 직업이나 역할이 있다는 생각은 계속되었어. 그래서 기계 정비사나 권투 선수처럼 힘이 필요한 직업은 주로 남성에게, 간호사나 유치원 교사 같은 직업은 여성에게 적합한 분야라는 고정관념이 이어졌지.

지금도 비슷한 사고방식이 여전히 자리 잡고 있어. 대학에 진학할 때, 여학생에게는 간호학과나 유아교육과를 권하고 남학생에게는 공대나 정비학과를 권하는 경우도 흔해. 유아교육과를 희망하는 남학생은 '별나다'는 취급을 받고, 권투 선수를 희망하는 여학생에게는 '드세다'는 선입견을 내비치기도 하지. 성 역할에 따른 사회적 잣대는 여전히 '정상'과 '비정상'을 가르고 있는 셈이야. 남성과 여성이 할 수 있는 일과 직업은 정말로 사람들이 흔히 생각하는 것처럼 고정되어 있을까?

이 질문에 답을 줄 수 있는 유명한 연구 사례가 있어. 미국의 인류학자 마거릿 미드는 1935년에 『세 부족 사회에서의 성과 기질』에서 뉴기니의 세 부족에 대한 이야기를 풀어냈어. 아라페시족은 남녀가 모두 협동적이고 다툼을 싫어하는 평화로운 성격이었던 반면, 먼더거머족은 남녀가 모두 호전적이고 경쟁적이었으며 자애로운 것을 열등한 특성으로 생각했다고 해. 그리고 챔블리족은 여성이 경제적 능력을 독점하고 지배적·경쟁적인 특징을 보인 데 반해 남성은 치장을 좋아하고 정서적으로 여성에게 의존하는 특징을 보였단다. 세 부족의 성 역할은 우리가 일반적으로 '남성적' '여성적'이라고 생각하는 기준에서 벗어나 있었지. 마거릿 미드는 고정된 성 역할은 선천적으로 정해져 있는 것이 아니라 그 사회의 사회문화적 배경에 따라 달라질 수 있다는 결론을 내렸어.

마거릿 미드의 연구만큼 흥미로운 역사적 사실도 있어. 제2차 세계대전 당시 미국에서 '리벳공 로지(Rosie the Riveter)'라고 불린 여성들이 있었어. 제2차 세계대전은 전쟁을 위해 국가의 모든 자원을 동원하는 총력전의 양상을 보였고, 대다수의 남성이 전쟁에 참전했단다. 당연히 남성이 주로 일하던 분야, 특히 군수품 생산업에 빈자리가 생겼지. 국가는 그 자리에 여성을 불러들이기 시작했어. 이전까지 여성이 가질 수 있는 주요 직업은 비서나 전화교환원 등이었어. 그런데 남성의 빈자리를 채우면서 여성도 기계 조립이나 정비 등의 분야에서 일할 수 있게 된 거야. 특히 근육을 많이 쓰는 리벳 박는 일 역시 여성의 몫이 되기도 했어. '리벳공 로지'는 이름처럼 군수공장에서 일하던 여성들을 일컫던 말이야.

이 시기 여성의 생산 활동은 급격히 늘어났어. 종전에는 여성 노동자가 2,200만 명까지 늘어났고, 조선 산업의 경우 여성의 인력 비중이 60%에 이르렀다고 해. 그러나 전쟁이 끝남과 동시에 남성들이 돌아오면서 수많은 리벳공 로지는 실업 상태에 놓였고, 많은 여성이 가정으로 돌아갔단다. 그럼에도 리벳공 로지는 여성의 사회적 역할에 대한 인식을 바꿔 놓는 데 기여했어. 남성의 영역이라고만 여겨졌던 기계 정비 같은 분야에서 여성도 능력을 발휘할 수

제2차 세계대전 당시 비행기 공장에 근무하던 여성들.

있음을 보여 주었지.

마거릿 미드의 연구와 리벳공 로지 이야기는 중요한 사실을 알려 주고 있어. 남성과 여성의 역할은 태어날 때부터 정해져 있는 것이 아니라 사회문화적 배경과 분위기에 따라 달라질 수 있다는 점말이야.

대가족은 모두에게 좋은 것일까?

가족 드라마는 조부모, 부모, 자녀가 함께 어우러져 살아가는 대가족 이야기가 중심이 되는 경우가 많아. 산업화로 인해 핵가족이 보편화된 세상에서 대가족 이야기는 가족 간의 따뜻한 정을 일깨워 주기도 하지.

대가족을 다룬 드라마 속 중년 여성은 집안 살림을 도맡아 하며 자녀를 돌보고 부모를 모시는 경우가 많아. 중년 여성 역할을 맡은 배우가 남편이 외출하고 돌아왔을 때 겉옷을 받아 드는 장면은 흔하게 등장해. 이 장면을 본 재미교포의 자녀가 부모에게 "한국은 남자가 혼자 재킷을 옷걸이에 걸지 못하나 봐요?"라고 질문했다는 웃지 못할 이야기도 있지.

과학기술의 진보와 사회 변화에 따라 점차 남성과 여성의 경계가 허물어지기 시작했어. 여성의 사회 진출이 늘고 권리가 신장되면서 가사 노동 역시 여성의 영역이라고 이야기하기 어려워졌지. 하지만 가족 드라마에 나오는 모습은 아직 전통적인 남성상과 여성상에 머물러 있는 경우가 많아. 그런 모습이 미디어에서 반복적으로 노출되면 우리는 그것을 '정상적이고 당연한' 남성과 여성의 역할로 받아들이기 쉬워.

지금은 옛날과 달리 여성들이 사회생활을 하고 남녀의 가사 분담이 더욱 늘어나는 등 많은 변화가 있는 게 사실이야. 그러나 아직 근본적인 변화는 일어나지 않았음을 보여 주는 연구 결과도 있어. 2015년 통계청에서 우리나라 기혼 여성의 삶을 조사했지. 전업주부인 여성은 하루 평균 약 6시간, 맞벌이 여성은 약 3시간 정도를 집안일에 할애하는 것으로 나타났어. 반면 남성의 경우는 맞벌이 41분, 외벌이 46분으로 큰 차이가 없었어. 여성이 외벌이로 경제적 책임을 지는 경우에도 가사를 돌보는 데 남성보다 더 많은 시간을 쓰는 것으로 나타났단다. 맞벌이, 외벌이 여부에 관계없이 집안일이 여성의 영역에 머물러 있음을 보여 준 통계이지.

집안일과 육아가 여성의 영역에 머물러 있을수록 여성에게는 결혼과 출산이 큰 부담일 수밖에 없어. 2018년 보건사회연구원이 조사한 한국의 사회지표에 따르면 결혼을 희망하는 미혼 여성의 비율은 22.4%로 남성(36.3%)에 비해 낮았어. 전문가들은 가부장적

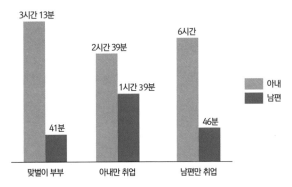

〈맞벌이 부부와 외벌이 부부의 하루 가사 노동 비교〉

3시간 13분

2시간 39분

6시간

1시간 39분

아내
남편

41분

46분

맞벌이 부부   아내만 취업   남편만 취업

자료 : 통계청(2014년 기준)

인 제도와 출산·육아 부담, 경력 단절로 인해 여성의 결혼 기피 현상이 심각해졌다고 분석했어. 집안일과 육아 부담이 저출산과 인구 고령화라는 사회문제로 이어진다는 사실을 짐작할 수 있지.

가정과 사회에서 성 역할이 고정되면 전업주부를 희망하는 기혼 남성, 집안일보다 사회생활에 충실하고 싶은 기혼 여성은 낯설고 이상한 존재로 낙인찍히게 돼. 사회적 압박 때문에 이런 역할을 선택하기 어려워지면 결국 사회 전체에도 영향을 주지. 여성의 경력 단절 때문에 발생하는 사회적 비용이 매년 15조 원에 달한다는 연구 결과도 있어(한국여성정책연구원, 2014). 성 역할에 대한 고정관념이 사회 전체에 손실과 피해를 입힐 수 있다는 사실은 의미심장하게 느껴져.

누구나 피해자가 될 수 있다

자기 자식만 생각하는 이기적인 엄마에게 언제부터인가 '맘충'이라는 수식어가 붙기 시작했어. 엄마를 뜻하는 영어 단어 'Mom'과 벌레를 뜻하는 한자 '충(蟲)'이 결합해 만들어진 말이야. 주로 공공장소에서 다른 사람에게 피해를 주거나, 아이를 위해 극성스럽고 유난스러운 행동을 보이는 엄마에게 붙이는 혐오 표현으로 자리 잡았지. 그리고 점차 아이 키우는 엄마 전체를 혐오하는 표현으로 번지면서 낮에 커피숍에 오는 기혼 여성이나 유모차를 끌고 공공장소에 나오는 엄마들이 맘충으로 취급받는 일도 생겼단다. 어린 아이를 키우는 엄마는 대부분 이제 맘충이라는 단어에서 자유롭지 못하게 되었지.

인터넷에서 떠오른 혐오 표현 중에는 '맘충'처럼 특정 성별을 지칭하는 용어가 많아. 한국 남성과 여성을 지칭하는 '○○남, ○○녀'라는 명칭이 붙은 혐오 표현이 점차 인터넷 커뮤니티 게시글과 댓글을 장악했어. 국가인권위원회가 청소년 500명을 대상으로 실시한 조사에서는 특히 여성을 대상으로 한 혐오 표현을 접한 경우가 63%로 가장 높게 나타났지.

어떤 사람들은 '○○남, ○○녀'라는 혐오 표현이 상식을 벗어난 행동으로 타인에게 피해를 입히는 남성이나 여성 일부를 의미할 뿐이라고 이야기해. 그러나 이 혐오 표현은 그 대상을 넓혀 이제는 한국 남성과 한국 여성 전체를 지칭하기도 해. 잘못된 행동을 한 사람뿐 아니라 우리 사회의 남성과 여성 다수가 '○○남, ○○녀'라는 말을 피하기 어려워졌지.

이처럼 혐오 표현은 누군가를 비난하는 데 큰 몫을 하고 있어. 물론 타인에 대한 배려가 부족하거나 상식을 벗어난 행동 자체를 비판할 수는 있어. 하지만 개인의 행동에 대한 비판이 특정 사회집단에 대한 비난과 혐오로 이어지는 것은 과하다는 생각이 들어.

남녀를 둘러싼 혐오 표현 역시 단순한 성 대결이 아니라 상대 성별에 대한 적대와 혐오로까지 이어지고 있는 셈이야. 성별에 대한 혐오 표현이 아무렇지 않게 쓰일수록, 아무렇지 않게 혐오감이 퍼져 나간다는 사실을 기억할 필요가 있어. 성별이 있는 이상 누구나 이런 혐오 표현의 피해자가 될 수 있거든. 혐오 표현의 의미나 쓰임새에 대해 다시 한번 생각해 봐야 할 때야.

여성들, 길고 긴 투쟁 끝에 참정권을 얻어 내다

2015년 사우디아라비아에서는 여성에게 투표권과 피선거권 등의 참정권을 처음으로 부여했다. 최초로 여성 의원 20명이 선출되기도 했다. 건국 83년 만의 변화였다. 그동안 사우디아라비아에서 여성은 투표에 대한 권리가 없었다. '월경이 정치적 판단을 흐리게 한다'는 이유 때문이었다.

　대부분의 민주주의 국가에서 여성의 참정권은 남성보다 늦게 주어졌다. 민주주의가 발전하면서 귀족뿐 아니라 평민에게도 정치에 참여할 권리가 주어졌지만, 여성은 오랫동안 이 권리를 갖지 못했다. 여성은 남성에 비해 능력이 떨어진다는 이유로 가정을 지키는 것이 여성의 역할이라는 생각 때문이었다. 여성의 이익은 남성에 의해 대변될 수 있다는 생각 역시 존재했다. 결국 여성들은 오랜 투쟁을 통해 스스로 참정권을 얻어 내야 했다.

　뉴질랜드에서는 1893년 케이트 셰퍼드가 '여성 절제회'라는 단체를 만들어 여성 인구 3분의 2에 해당하는 32,000명의 서명을 받아 마침내 참정권을 얻어 냈다. 세계 최초로 여성의 참정권이 인정된 사례였

1916년 벌어진 미국의 여성 참정권 운동.

다. 이어 핀란드(1906), 노르웨이(1913), 영국(30세 이상 여성은 1918년, 21세 이상은 1928년), 미국(1920) 등의 국가가 여성에게 참정권을 주었다. 대부분 오랫동안 여성이 참정권을 얻기 위해 투쟁한 성과로 이루어진 일이었다. 오만, 아랍에미리트, 사우디아라비아 등 중동권 국가는 대부분 2000년대에 들어서야 여성의 참정권을 인정하기 시작했다. 우리나라는 1948년 최초의 보통선거가 이루어지면서 남성과 여성의 똑같은 참정권이 부여되었다.

미인 대회는
왜 TV에서 사라졌을까?

콜라 광고와 날씬한 여성의 상관관계

자본주의는 세상의 수많은 가치를 사고파는 상품의 영역으로 집어삼키는 힘이 있어. 사람의 성(性) 역시 상품이 되어 버렸단다. 직접적으로 성을 사고파는 행위는 법적으로 금지하는 국가가 많기 때문에 미디어를 통해 간접적으로 성적 이미지나 상징을 판매하고 소비하는 분위기가 형성되었어. 자본주의 하에서 기업의 가장 중요한 목표인 이윤 추구를 위해 일부 기업과 미디어 매체들이 성을 사고팔며 돈을 벌기 시작한 거야.

우리가 미처 깨닫지 못한 장면 속에 성 상품화가 숨어 있는 경우도 있어. TV에서 볼 수 있는 탄산음료 광고 또는 주류 광고를 잘 살펴봐. 유독 이런 광고에는 여성의 날씬한 몸을 부각시키는 장면이 등장해. 여성의 몸매, 적당한 노출, 청순하거나 섹시한 이미지는 해당 상품에 대한 어떤 정보도 제공하지 않아. 그럼에도 불구하고 음료, 샴푸, 통신사 등의 수많은 광고에서 여성의 날씬한 몸매를 부각시키는 장면을 집어넣고 있지. 간접적으로 여성을 상품화시켜 광고 효과를 노리는 거야. 남성도 이런 분위기에서 자유롭지는 못해. 최근에는 남성의 노출을 통해 시청률을 올리려는 방송 장면이나 광고도 흔하게 볼 수 있으니까 말이야.

성 상품화가 지나치게 노골적이거나 시청자에게 유해한 영향을 끼친다고 판단될 경우, 공공기관이나 방송사의 제재를 받기도 해. 과도하게 노출되는 의상을 출연자에게 입혀 찍는 뮤직비디오, 자극적으로 성을 다루는 방송 프로그램은 시청 제한 연령이 설정되거나 방송 자체가 금지되는 일도 있어. 출연자의 성적 매력만을 부각시켜 인기를 끄는 인터넷 방송이나 유튜브 채널 역시 때때로 사람들의 비난을 받는단다.

인간의 성이 하나의 상품이 되면 많은 사람은 '인간'이라는 존엄성을 빼고 여성 또는 남성을 하나의 상품처럼 인식하게 돼. 2020년 세상을 떠들썩하게 했던 'N번방 사건' 역시 성 상품화가 불러일으킨 부작용이 단적으로 드러난 사건이라고 볼 수 있어. 가해자들은 피해자들을 하나의 상품이나 성 착취 대상으로 보았을 뿐 인간으로 취급하지 않았기에 많은 사람의 비난을 받았지.

성 상품화는 대상이 되는 여성이나 남성의 의식에도 부정적인 영향을 끼칠 수 있어. 일부 사람들은 성 상품화가 이루어진 미디어의 영향을 받아서 자신의 성적 매력을 하나의 상품처럼 취급하는데 익숙해지기도 해. 다른 사람들이 내리는 성적 평가에 자신을 맞추고 판단하는 경우가 생기는 것이지.

어린이가 나온 그 광고는 왜 금지되었을까?

2016년 영국의 광고표준위원회가 한 의류업체의 광고를 금지시킨 일이 있었어. 앳되어 보이는 여성 모델이 소파에 앉아 있는 사진을 실은 지면 광고였지. 위원회에서는 '어리게 보이는' 모델의 포즈와 표정이 성적인 암시를 줄 수 있다는 우려를 표하며 광고를 금지했어. 의류업체는 이 광고의 실제 모델이 성인이라면서 아동을 묘사한 적이 없다고 항의하기도 했어.

2010년 프랑스에서도 비슷한 사건이 있었어. 열 살 정도 된 소녀가 짙은 화장을 하고 하이힐을 신은 채 소파에 누워 있는 사진의 광고가 패션 잡지에 실렸지. 즉시 이 광고에 비난 여론이 일었어. 이후 프랑스 정부는 아동 성 상품화 사진에 대한 가이드라인을 만들고 관련법을 제정했단다.

영국이나 프랑스에서 아동이나 청소년에 관한 광고를 엄격하게 규제하는 이유는 무엇일까? 미성년자를 성적 대상으로 보거나 그들의 성을 상품화하는 광고가 엄청난 위험성을 불러일으킬 수 있다고 판단했기 때문이야. 특히 아동을 나이에 맞지 않게 어른처럼 꾸며 광고를 내보낼 경우, 아동의 성 고정관념 및 가치관 형성에 나쁜 영향을 줄 수 있다고 본 것이지.

전문가들은 이런 광고가 아동 성범죄를 부추기는 결과를 낳을 수도 있다고 경고해. 평범한 사람들에게는 그저 '예쁜 어린이' 이미지일 수 있지만, 아동을 대상으로 한 광고에 성적 자극을 받는 사람의 시선에는 다르게 느껴질 수 있기 때문이야. 그래서 아동을 모델로 한 광고를 엄격하게 규제하는 거지.

우리나라에서도 비슷한 논란이 벌어진 적이 있단다. 아동 모델이 립스틱을 바른 입술로 음식을 먹는 장면이 클로즈업된 광고였어. 문제가 있다고 주장하는 이들은 "어린아이를 성인 여성처럼 보이도록 옷차림이나 화장을 연출하여 성적 암시가 있는 은유를 사용했다"고 피력했어. 반면에 문제가 없다고 주장하는 이들은 "모델 부모의 동의하에 찍은 광고인 데다 성적인 암시가 전혀 존재하지 않는다"고 반박했지.

이런 논란이 지속된 이유 중 하나는 우리나라에는 아동과 청소년을 성 상품화 하는 광고에 대한 구체적인 가이드라인이나 관련 규정이 모호하기 때문이었어. 한국 방송심의규정에는 어린이와 청소년을 신체가 과도하게 노출되는 복장으로 방송에 출연시키거나 지나치게 선정적인 장면으로 연출해서는 안 된다는 조항이 있어. 그러나 과도하게 노출되는 복장이 무엇인지, 지나치게 선정적인 장면이 무엇인지에 대한 구체적인 기준은 존재하지 않아. 그나마 방송 광고의 경우 정보통신망법에 의한 규제가 가능하지만, 온라인 광고는 법에 광고로 명확히 규정되지 않아서 제재가 어렵단다.

영국의 경우 TV나 라디오, 신문 등 모든 매체에 실리는 광고에서는 18세 미만의 아동 또는 그렇게 보이는 누구라도 방송에서 성적으로 묘사해서는 안 된다는 명확한 규정이 있어. 그뿐만 아니라 광고주의 의도보다는 대중에게 어떻게 비치는지에 집중해서 광고의 유해성을 판단한단다. 모델의 나이와 상관없이 교복을 입힌 모델을 성적 맥락에서 사용하면 이것 역시 제재 대상이 되기도 하지.

우리나라도 아동이 등장하는 방송이나 광고에 명확한 제재 기준을 정할 필요가 있어 보여. 분명한 기준이 존재한다면 아동의 성 상품화를 둘러싼 논란도 줄어들지 않을까?

미스코리아 대회, TV에서 자취를 감추다

2000년대 초반까지 1년에 한 번 공중파 생방송으로 중계되는 큰 행사가 있었어. 대한민국 최고의 미녀를 뽑는 미스코리아 대회였지. 최종 선발된 수상자가 왕관을 쓰고 환한 웃음을 지으며 손을 흔드는 장면이 대회의 마지막을 장식했단다.

그런데 미스코리아 대회는 2002년부터 공중파 TV에서 사라졌어. 이후 케이블 방송에서 중계되다가 몇 년 전부터는 인터넷 방송에서만 중계되고 있지. 1957년부터 시작되어 전 국민의 관심을 받았던 미인 대회가 왜 TV에서 사라졌을까?

미스코리아 대회의 인상적인 장면 중 하나는 수영복 심사 과정이었어. 파란색 수영복 차림에 한껏 부풀린 헤어스타일을 하고 무대를 누비는 참가자들의 사진이 화제가 되기도 했어. 사람들은 참가자의 얼굴과 몸매를 보고 신체 사이즈가 얼마인지 들으며 마음에 드는 순위를 매기기도 했지.

물론 그 외에도 다양한 심사 과정이 있었어. 사회 이슈, 장래 희망에 관한 질문의 답변을 듣는 인터뷰 심사도 있었단다. 아름다움뿐 아니라 교양이나 지적 수준을 가늠하여 수상자를 선발하겠다는 주최 측의 의도를 짐작할 수 있어. 그러나 미스코리아 대회의 1차 목표는 최고의 미인을 뽑는 것이기에 무엇보다 참가자들의 아름다

지금은 찾아보기 힘든 미인 대회의 수영복 심사 모습.

운 얼굴과 균형 잡힌 몸매가 가장 주요한 심사 기준이 되었지.

어느 순간부터 사람의 생김새를 평가하고 등급을 매겨 수상자를 뽑는 대회에 반대하는 목소리가 등장했어. 미인 대회를 반대하는 주장의 근거는 크게 두 가지였어. 첫째, 외모 지상주의를 부추길 위험성을 지적했어. 획일화된 기준을 통해 미(美)에 등급을 매겨 심사하고 미인을 가리는 행위가 외모에 따른 차별을 부추긴다는 거야.

둘째, 여성이 가진 몸매나 얼굴의 특성을 상품처럼 취급한다는 점을 지적했어. 상품에 등급을 매겨 훌륭한 상품을 선별하듯 여성의 성적 매력을 평가하고 등급을 매기는 데 반기를 든 거야. 거듭된 항의에 방송사들은 결국 대회 중계를 포기하기에 이르렀어.

더 알아보기

성의 자유 vs 성 상품화, 여성 연예인 노출 의상에 대한 논란

가끔 인기 걸그룹의 멤버나 여배우가 노출이 심한 옷을 입고 무대에 오르거나 레드카펫을 걸어 화제가 되기도 한다. 눈에 띄는 노출 의상을 입은 여성 연예인들의 사진이 인터넷 신문에 등장하거나 그들의 이름이 포털 사이트에서 검색어 상위권에 오르는 일도 벌어진다. 사람들은 노출이 심한 옷차림의 여성을 선정적으로 찍은 사진을 공유하면서도 한편으로 여성의 노출 의상을 근엄한 자세로 비난하기도 한다. 성을 '감추어야 할 것'으로 취급하는 동시에 성 상품화에 적극적인 이중적 태도를 보여 주는 현상이다.

어떤 이는 여성 연예인의 노출 의상을 자유로운 개성 표현으로 보아야 한다고 주장한다. 최근에는 여성의 권리 신장과 함께 주체성이 강조되고 있다. 자신의 몸매를 드러내며 매력을 발산하는 것을 '표현의 자유'로 볼 수 있다는 것이다.

반면에 어떤 이들은 이런 장면을 성의 자유가 아닌 성 상품화라고 이야기한다. 여성 연예인이 노출 의상을 입는 것은 자본주의 사회에서 상품성을 갖추기 위한 시도라는 것이다. 이들은 연예인의 노골적인 의상과 몸매 노출이 일반인에게도 영향을 미쳐 성에 대한 고정관념을 심을 수 있다고 주장한다.

여기서 가장 중요한 것은 여성 연예인의 주체성이다. 대중에게 이름을 알리고 상품성을 갖추어야 한다는 주변의 압박 때문에 노출을 선택한 것인지, 아니면 자신의 주체적인 선택으로 이를 선택했을지 의문을 가져 볼 필요가 있다. 한국인의 이중적 성 의식 속에 여성 연예인에 대한 비하가 일상적으로 이루어지는 모습 역시 반성해야 할 것이다.

로맨스라는 포장지로
가린 폭력

여주인공을 벽으로 밀치는 남주인공

다른 남성과 있던 여주인공 앞에 갑자기 남주인공이 등장한다. 남주인공은 당황하는 여주인공의 손목을 거칠게 잡는다. 여주인공이 이를 뿌리치려 하지만 남주인공은 아랑곳하지 않고 여주인공을 다른 곳으로 끌고 간다.

남주인공과 여주인공이 갈등 상황에 놓인다. 남주인공이 여주인공을 벽으로 밀친다. 남주인공과 여주인공의 시선이 부딪힌다.

이와 비슷한 장면을 한 번쯤 드라마에서 본 기억이 있을 거야.

한때는 '남주인공이 터프하고 멋있다'는 시청자의 반응을 이끌어 내던 장면들이지. 심지어 몇 년 전 일본에서는 이런 장면이 인기를 얻어서 남주인공이 여주인공을 벽으로 몰아 가두는 상황을 나타내는 '카베동(벽이라는 의미의 '카베'와 벽을 칠 때 나는 소리 '동'의 합성어)'이라는 말이 유행하기도 했단다. 하지만 이 같은 장면은 더 이상 시청자의 호응을 얻지 못하는 경우가 많아. 심지어 이를 일종의 데이트 폭력으로 비판하는 사람도 있지. 똑같은 드라마 장면이 어째서 몇 년 사이에 이토록 다른 평가를 받게 되었을까?

최근 미투 운동(Me Too Campaign)이 국내외에서 벌어지고 있고, 여성이 그동안 받았던 차별에 저항하는 목소리를 내고 있어. 우리 사회는 주변에 존재하는 다양한 종류의 성차별에 대해 생각해 보게 되었지. 국가정책이나 사회제도에 존재하는 성차별뿐 아니라 일상생활 속에 있는 성차별에도 관심을 기울이게 된 거야.

이때부터 '성인지 감수성(Gender Sensitivity)'이라는 말이 주목받기 시작했지. 성인지 감수성은 성별 차이를 인정하되, 성별 간에 나타나는 불평등이 무엇인지 이해하고 일상생활 속에서 성차별의 요소를 잡아낼 수 있는 민감성을 뜻해. 서구 사회에서 1990년대 중반부터 성적 불균형과 성차별의 요소를 바로잡기 위한 기준으로 등장한 개념이지. 미투 운동으로 성차별과 성폭력이 사회에서 중요한 화두로 떠오른 이후 가정이나 직장뿐 아니라 정치, 과학, 교육 등 사회 전반을 대상으로 성인지 감수성의 중요성이 높아지고 있어.

성인지 감수성이 중요한 화두로 떠오르면서 사람들은 일상적인 표현, 사소한 장난이라 넘겼던 것들을 다시 생각해 보게 되었어. 성폭력 사건을 '몹쓸 짓'으로 표현하며 성범죄를 축소·은폐하는 표현을 쓰는 언론사, 특정 여성을 지칭하여 '여교사' '여기자' '여직원'이라는 말을 사용하는 인터넷 뉴스, 여성 출연자들을 불러 춤을 추게 하며 남성 관객에게 돈을 받는 설정을 한 개그 프로그램 모두 네티즌의 지적을 받았단다.

〈성인지 감수성 체크리스트〉

나의 성인지 감수성은?	* 체크 항목 0개 : 훌륭해요! / 1~3개 : 조금 더 분발이 필요해요 4~6개 : 의식 개선이 필요해요 / 7~10개 : 매우 위험해요	
❶ 여자들은 '예쁘다, 섹시하다' 등 외모나 성적 매력을 칭찬받는 것을 좋아한다.		□
❷ 재미있는 농담에 성적인 내용이 일부 들어가는 정도는 괜찮다고 생각한다.		□
❸ 상대방의 "싫다"는 말 중에는 예의상 거절이나 좋으면서도 튕기는 경우도 있다.		□
❹ 접대 업무나 회의 준비 등의 업무는 여성이 맡는 것이 좀 더 보기 좋고 편안하다.		□
❺ 우리나라의 성평등 의식 수준은 이미 충분히 개선되어 있다고 생각한다.		□
❻ 노출이 심한 옷과 같이 피해자에게 일정 정도 책임이 있는 사례도 있을 것이다.		□
❼ 가벼운 스킨십은 친근함을 표현하기 위해 가끔 필요하다.		□
❽ 휴식 시간에 잠깐 야한 동영상을 보는 것은 개인의 자유이며 사생활이다.		□
❾ 피해자의 일방적인 느낌을 성희롱으로 인정하는 경우도 있을 것이다.		□
❿ 성적 불쾌감이 들어도 조직을 위해 어느 정도 넘어가는 것이 필요하다.		□

자료 : 여성가족부, 제주여성인권연대

미디어에도 변화가 나타났어. 드라마 속에서 남주인공이 여주인공을 강제로 끌고 가거나 스킨십을 하는 장면이 성차별로 지적되어 TV에서 서서히 사라지기 시작한 거야.

근래 들어 법이나 국가정책 등에서도 성인지 감수성에 대한 관심이 높아졌어. 2018년에 있었던 한 성희롱 사건 관련 소송에서 대법원은 '양성평등을 실현할 수 있도록 성인지 감수성을 잃지 않아야 한다'며 처음으로 성인지 감수성을 언급한 판결문을 내놓기도 했어. 우리나라 양성평등기본법 제18조에서는 성인지 교육을 "사회 모든 영역에서 법령, 정책, 관습 및 각종 제도 등이 여성과 남성에게 미치는 영향을 인식하는 능력을 증진시키는 교육"으로 언급하고 있어. 법률과 제도 차원에서도 성인지 감수성이 중요한 판단 기준으로 등장했음을 알 수 있지.

여자가 남자에게 하면 성희롱이 아니라 장난?

성차별이나 성희롱은 보통 여성이 피해 대상이 된다고 생각하는 경우가 많아. 그러나 최근에는 여성이 남성에게 하는 행동에 숨은 성희롱이나 성차별적 발언에 대해서도 예전과는 다른 시선을 보내고 있단다.

예능 프로그램에서 여성 출연자가 남성 출연자에게 강제로 스킨십을 하거나 성희롱 의도가 담긴 말을 던지면서 웃음을 유발하는 장면을 한번 생각해 봐. 만약 남성 출연자가 여성 출연자에게 했다면 큰 비난을 받았을 행동이 반대로 남성이 피해를 입는 경우에는 단순한 장난으로 넘어가는 경우가 과거에 흔했지. 그런데 이제는 여성이 남성에게 이런 행동을 하는 경우에도 문제점을 지적하는 경우가 늘고 있어.

유튜브 채널에서 여성 출연자가 일반인 남성에게 성희롱이 될 수 있는 질문을 해서 네티즌의 뭇매를 맞은 일을 예로 들 수 있어. 예능 프로그램에서 여성 출연자가 동의 없이 남성 출연자의 신체를 만지는 장면 역시 비난의 대상이 되었지. 성희롱은 상대방이 원하지 않는 말이나 행동으로 성적 수치심을 느끼게 하는 것을 의미해. 말하거나 행동하는 사람의 의도보다 상대방이 어떤 느낌을 받았는지가 중요해. 사회적으로 성인지 감수성이 높아진 만큼 상대방의 입장에서 생각하며 말과 행동에 주의해야 할 시점이 온 거야.

특히 요즘에는 다양한 미디어와 채널이 등장해 사람들에게 어마어마한 영향력을 끼치고 있어. 그럴수록 미디어들은 성별에 관계없이 성차별이 될 수 있는 표현이나 연출 모두에 주의해야 할 책임이 있단다.

미디어 속 여성이 변하고 있다

1993년에서 2003년까지 방영했던 〈X 파일〉이라는 미국 드라마가 있었어. 우리나라에서도 방영되어 큰 인기를 끌었지. FBI 요원인 주인공 데이나 스컬리는 드라마 속 전문직 여성의 모습을 바꾼 캐릭터야. 이전까지 드라마에서 전문직 여성은 대체로 법정이나 병원, 경찰서 등에서 남주인공의 보조 역할을 하거나 연애의 대상으로 나오는 경우가 많았어. 스컬리는 이런 한계를 벗어난 캐릭터였지. 이성적이고 주체적으로 생각하며 과학 분야에 뛰어난 지식과 재능을 가진 여성이었거든. 남성 수사 파트너인 폭스 멀더를 보조하는 역할에 머물지 않고 동등한 관계에서 함께 사건을 해결하기 위해 활약하는 모습을 보여 주기도 했단다.

실제 미국의 한 미디어 연구소에서 실시한 설문조사 결과, 미국 이공계 분야에서 일하는 여성의 절반 이상이 스컬리 캐릭터 덕분에 과학기술에 관심을 갖고 전공을 정하게 되었다고 응답하기도 했어. 스컬리가 성에 대한 고정관념을 깨고 이공계 분야로 여성들을 이끈 것을 두고 '스컬리 효과(Scully Effect)'라는 용어도 생겼지.

우리나라 미디어 속 여성의 모습도 변하고 있어. 최근에는 자신의 직업을 가지고 이성적으로 사고하는 당당한 모습의 여성 캐릭터가 등장하고 있거든. 이런 여성의 모습은 드라마뿐 아니라 다양한 분야에서 부각되고 있어. 이전까지 노출 의상을 입고 몸매를 과시하던 온라인 게임 속 여성 캐릭터에도 변화가 나타났지. 미국의 한 게임업체가 만든 인기 온라인 게임에서는 장애를 가진 60세 백발 여성 캐릭터를 선보이기도 했단다. 국내 게임업계에서도 여성 캐릭터에게 몸매를 드러낸 노출 의상 대신 역할에 맞는 의상을 입히고 용감한 전사나 지혜로운 통치자 등의 설정을 입히며 변화를 꾀하기도 했어.

미디어는 현실을 반영하는 거울인 동시에 현실을 바꿀 힘을 가지고 있어. 미디어 속 여성 캐릭터 변화는 사회 분위기를 반영하고 있지만, 더 나아가 현실 속 성에 대한 고정관념을 깨는 역할을 해낼 수도 있단다. 계속해서 변화하다 보면 성에 대한 고정관념을 완벽히 깨는 '제2의 스컬리'가 또 다시 탄생하지 않을까?

각자의 개성을 지닌 존재로 표현되어야

성 역할에 대한 고정관념은 그에 맞지 않는 특성과 행동을 보이는 사람에게 비난과 불이익을 안겨 주기도 해. 예를 들면, 남성은 "남자는 평생 세 번 운다"는 말을 들으며 감정을 억누르는 것이 당연시되거나, 경제활동을 해야 정상이라는 평가를 받는 일이 흔해. 여성은 "암탉이 울면 집안이 망한다"는 이야기를 들으며 자신의 의견을 주장하기보다 수동적이어야 한다는 압박을 받기도 하지. 그래서 감정 표현이 큰 남성은 '남자답지 못하다'는 이유로, 공적인 영역에서 자신의 목소리를 내는 여성은 '여자가 지나치게 나선다'는 이유로 사회적 비난이나 불이익을 받는 경우도 생겨.

남성과 여성의 경계가 허물어지면서 이제는 성별로 분류되는 고정관념을 벗어나 한 인간으로서 각자의 개성을 지닌 존재로 표현되어야 할 때야. 최근에는 신데렐라 드라마의 공식을 역전시킨 드라마도 등장하고 있지. 유능한 여주인공이 남주인공과 협력하여 문제를 해결해 나가는 이야기도 쉽게 볼 수 있고, 주체적으로 살아가는 여성을 그리거나 육아나 살림을 훌륭히 해내는 남성의 모습을 다룬 예능 프로그램도 자주 볼 수 있어. 여자이기에 또는 남자이기에 특정한 취향과 행동 방식, 의무를 지우는 세상이 미디어에서 사라지는 날도 곧 오지 않을까?

한국은 '성평등' 선진국일까?

한국의 성평등은 어느 정도 이루어졌을까? 2019년 세계경제포럼(WEF)이 전 세계 국가의 성별 격차를 분석한 결과 한국의 성 격차 지수는 153개국 중 108위로 드러났다. 이 지수는 여성의 경제 참여 및 기회, 교육적 성취, 건강과 생존, 정치 권한 등의 4개 부문을 상대적으로 따져 산출한다. 조사에 따르면 한국 여성의 경제 참여 및 기회는 127위였으며, 그 하위 항목인 여성의 고위 임원과 관리직 비율은 142위였다. 임금 평등 역시 남성의 연 추정소득이 약 6,058만 원인 데 비해 여성은 약 2,879만 원에 그쳤다. 여성 의원 비율과 여성 장관 비율 등이 포함된 정치 권한 역시 79위에 머물렀다.

한편 같은 해 유엔개발계획(UNDP)에서 조사한 성 불평등 지수에서는 한국이 10위를 차지해 눈길을 끌기도 했다. 이 지수는 모성 사망 비율, 청소년 출산율, 여성 의원 비율, 중등학교 이상 교육 비율 등을 절대수치로 따져 결과를 산출한다. 이에 따르면 한국은 의료 수준이 높아 모성 사망 비율이 매우 낮고, 청소년의 출산이 금기시되어 청소년 출산율이 매우 낮다. 또 높은 교육열로 인해 중등학교 이상 교육 비율도 89.9%로 높게 나타났다.

두 지표의 차이는 무엇을 의미할까? 성 격차 지수는 상대적 수치, 성 불평등 지수는 절대적 수치이다. 한국은 정치·경제적 발전과 높은 의료 수준으로 여성의 절대적 삶의 수준은 높은 편이다. 그러나 아직까지 사회적 몫을 나누는 데 있어 남성과 여성 사이에 상대적 불평등이 존재한다는 것을 의미한다.

3장
조금 다른 사람들이 사는 세상

: 미디어로 본 사회적 소수자 이야기

'동네 바보 형'에게도
권리가 필요하다

사양합니다, 동네 바보 형이라는 말

1990년대에 '영구'라는 전설적인 캐릭터가 있었어. "영구 어디 있니?"라는 물음에 "영구 없~다"라는 대사와 함께 등장하곤 했지. 환한 미소를 보이지만 콧물을 흘리고 어딘가 어눌한 행동을 하는 캐릭터야.

예전부터 '동네 바보 형' 캐릭터는 예능 프로그램에서 오랫동안 존재해 왔어. 지금도 예능 프로그램이나 드라마, 영화에서 '동네 바보 형' 캐릭터를 가끔 볼 수 있어. 예능 프로그램에서는 출연자들이 동네 바보 형 흉내를 내며 웃고, 영화에서는 잘생긴 배우가 동네 바보 형으로 변신해서 감동 드라마를 연출하기도 했단다.

그런데 동네 바보 형 캐릭터에는 웃음과 감동만 숨어 있을까? 미디어에 나오는 바보 형은 주로 신체 나이만큼 지적 발달이 충분하지 않은 이들을 묘사하고 있어. 시청자는 지적장애인을 떠올리기 쉽지. 지적장애는 발달장애의 한 유형으로 신체 성장에 비해 정신적 성장이 느린 경우를 의미해.

동네 바보 형은 장애인을 묘사하는 미디어의 씁쓸한 단면 중 하나를 그리고 있어. 누군가에게는 웃음을 주는 재미있는 모습으로 느껴지지만, 사람들이 그 모습을 보고 조롱하거나 비웃는 상황은 장애인이나 그 가족에게 큰 상처가 될 수 있거든.『사양합니다, 동네 바보 형이라는 말』이라는 책에서는 이런 이야기를 다루고 있어. 현직 기자이자 장애인 자녀를 둔 지은이는 미디어에서 쉽게 접할 수 있는 동네 바보 형 이미지가 장애인과 그 가족에게 상처가 될 수 있다고 이야기해. 우리가 무심코 웃으며 지나치는 장면이 누군가에게는 슬픈 장면일 수 있다는 거지.

장애인은 신파 드라마의 만능 치트키?

미디어에 비쳐지는 장애인의 전형적인 모습이 있어. 대부분 장애인에 대한 고정관념을 심어 주는 모습들이야. 영화나 드라마에서 장애인이 등장하는 장면을 생각해 봐. 비장애인이 등장하는 장면에 비해 눈물을 유발하는 장면에 많다는 것을 알 수 있을 거야. 미디어에서 장애인은 불쌍하게 사는 사람, 동정받아야 하는 존재로 등장하는 경우가 많아. 주인공의 가족으로 주인공에게 고난과 역경을 더해 주는 존재로 그려지기도 하고, 가족애를 돋보이게 해 주는 장치로 등장하기도 하지. 극의 클라이맥스에 이르러 장애인의 사연을 통해 눈물을 쏟게 만드는 설정도 우리가 익히 보아 온 장면이야.

장애인을 조롱하는 것도 비하하는 것도 아닌데, 이런 장면이 왜 문제가 되냐고? 미디어에서 장애인의 삶이 주로 불쌍한 인생으로 설정된 탓에 시청자의 눈에 왜곡되어 보이는 것이 문제야. 이런 장면이 많이 노출될수록 장애인에 대한 동정의 시선을 가질 수밖에 없어. 장애인을 비장애인과 완전히 다른 삶을 살아가는 제3의 존재로, 불쌍한 사람으로 인식하게 되는 거지. 정작 그들이 평범한 삶을 누릴 권리에는 큰 관심을 가질 수 없게 만든다.

장애인을 주인공으로 다루는 휴먼 드라마 역시 몇 가지 고정된 모습으로 그들을 나타내고 있어. 장애를 극복하고 운동 경기에서 우승을 차지하거나 천재적인 재능으로 악기 연주를 해내는 모습, 자폐 성향이 있지만 뛰어난 지능을 뽐내는 모습이 우리가 보아 온 전형적인 설정이야. 이들은 장애인 중에서도 특별한 엘리트에 해당하는 장애인 또는 장애를 극복하고 성공 신화를 쓴 사람들이지.

그런 특별하고 뛰어난 성취 위주로 장애인이 미디어에 비쳐지면 우리는 장애를 '노력으로 극복하고 넘어서야 할 것'으로 인식하게 돼. 그리고 이런 이야기는 대개 장애인과 그 주변 가족들의 눈물겨운 노력과 성취에 스포트라이트를 비추며 끝나.

물론 장애인의 모습이 영화나 드라마 같은 미디어에서 다뤄진다는 사실 자체는 환영할 만한 일이야. 그러나 눈물을 자아내기 위한 모습이나 장애를 극복하는 극한의 노력과 천재성만을 한정적으로 보여 주는 건 그들을 제대로 이해하는 데 도움이 되기 어려워.

평범한 권리가 필요한 사람들

2017년 한 70대의 지체장애인 남성이 지하철 역사 안에서 숨진 사건이 있었어. 남성은 지하철 리프트를 타기 위해 역무원 호출 버튼을 누르려다가 추락했어. 해당 사건 이후 리프트의 역무원 호출 버튼이 누르기 편한 위치로 바뀌기는 했지만, 기본적으로 장애인 이동권의 현실이 얼마나 열악한지를 보여 준 일이야.

이동권이란 자신이 원하는 목적지까지 스스로의 의지로 갈 수 있는 권리를 말해. 비장애인에게는 지극히 평범한 권리라서 대다수는 평소 이동권 자체에 대해 생각해 본 적이 없을지도 몰라. 그러나 우리나라에 사는 장애인이 누리기 힘든 권리 중 하나이지.

우리가 버스나 지하철을 타고 어딘가로 이동하는 과정을 생각해 봐. 지하철을 타기 위해서 수많은 계단과 에스컬레이터를 타고 오르내려야 하고, 턱이 높은 곳 또한 지나쳐야 해. 버스를 타고 내릴 때에도 두 다리를 이용해서 오르내리는 과정이 필요하단다. 이런 상황에서 휠체어나 목발을 이용해 이동하는 장애인은 불편함을 감수해야만 해.

우리나라 수도권에 있는 1~8호선 지하철역 중 교통약자를 위한 엘리베이터가 설치되어 있는 곳은 250여 개 정도야. 그보다 이용이 불편한 휠체어 리프트조차 전체가 아닌 일부 역사에만 설치되어 있어. 그나마도 고장 난 경우가 많지. 만약 장애인이 목적지를 정해 이동하고 싶다면 리프트와 엘리베이터가 설치된 역을 파악해서 그곳을 중심으로 동선을 짜고 움직여야 한단다. 비장애인은 상상하기 어려운 고난의 과정이지. 게다가 리프트는 이용하기에 위험한 경우가 많아. 2001~2018년 사이 리프트로 인한 중상·사망 사고가 9건가량 일어났어.

버스 역시 상황은 비슷해. 장애인을 비롯한 교통약자가 이용하기 편한 저상버스는 서울 시내버스 중 약 44%만 운행되고 있어. 게다가 이 저상버스의 시설 대부분이 설치만 되어 있을 뿐 후속 관리가 되지 않아 잦은 고장을 일으키고, 실제 사용하는 경우가 극히 적

어. 교통이 혼잡할 때 휠체어를 탄 장애인이 승차 거부를 당하는 일
도 많단다.

교통약자의 이동편의 증진법에는 교통수단, 여객시설 및 도로
에 이동편의시설을 확충하고 보행환경을 개선한다고 나와 있어.
그러나 지하철과 버스 등 우리가 이용하는 대중교통의 현실을 감
안했을 때 장애인 이동권이 보장되기에는 아직 갈 길이 멀다는 사
실을 알 수 있지.

게다가 장애인이 이동권을 주장하며 시위하면 일부 언론은 이
를 외면하거나 오히려 불편하게 여기는 논조의 기사를 내기도 해.
2018년 장애인차별철폐연대는 '휠체어 탑승 승하차' 시위를 벌였
어. 휠체어를 탄 채 정거장마다 타고 내리는 방법으로 그들의 요구
를 전달한 거야. 많은 언론이 이 시위에 대해 아예 보도하지 않거나

©Wikimedia Commons

해외 지하철역에 설치된 휠체어 리프트(좌)와 휠체어 사용이 가능한 저상버스(우).

이동권 보장을 위한 장애인 시위로 인해 지하철이 지연되어 사람들이 불편을 겪었다는 것에 초점을 맞추어 보도했어. 이런 보도는 비장애인에게 불편을 끼쳤다는 식으로 읽힐 수 있어 언론시민단체의 지적을 받기도 했지.

누군가에게 당연한 권리, 그들에게는……

장애인의 일상생활을 위한 권리가 제한되어 있는 경우는 흔히 볼 수 있어. 비장애인에게는 당연한 권리인 '화장실에 갈 권리'도 그중 하나야. 장애인이 외출하거나 사회생활을 할 때, 장애인 화장실이 없는 곳이 많아서 불편함을 겪을 수 있어. 필요할 때 화장실에 가서 용변을 해결하는 것조차 쉽지 않은 경우가 많다는 거야.

비장애인에게는 의무로 이루어지는 학교에 갈 권리 역시 장애인에게는 마음껏 누리기 힘든 권리야. 발달장애 학생을 위한 공립 특수학교가 필요함에도 불구하고 후보지로 선정된 지역 주민들의 반대로 설립 자체가 어려운 경우가 많지. 일반 학생들과 함께하는 통합교육 역시 그다지 수월한 일은 아니야. 전체 학교 수 대비 특수학급이 설치된 비율은 유치원 약 8%, 초등학교 약 69%, 중학교 약 32%, 고등학교 약 27%로 대부분이 초등학교 과정에 집중되어 있어. 학년이 올라갈수록 장애인이 적절한 교육을 받을 수 있는 여건이 열악해지는 거야. 우리나라의 장애인은 전체 인구의 약 5.4%에 달해. 하지만 그들은 비장애인이 평범하게 누구나 일상적으로 누릴 수 있다고 생각하는 권리들을 갖기 어려운 셈이야.

현실 속 장애인의 모습은 미디어에서 보는 것과는 달라. 동정이 필요한 존재나 장애를 극복한 특별한 존재가 아니라, 그저 어디론가 출근하고 목적지까지 이동할 수 있으며 제대로 교육받을 권리를 요구하고 일상생활을 영위하는 보통 사람이야. 장애인을 나와 다른 존재, 특별한 존재가 아닌 평범한 한 사람으로 바라보고, 그들의 일상적인 권리에 관심을 가질 필요가 있어.

TV 속 장애인은 왜 직업이 없을까?

대학병원을 배경으로 한 드라마 〈라이프〉에서는 휠체어를 탄 장애인이 등장했어. 그는 지금까지 미디어가 그려 낸 장애인 캐릭터와는 다른 모습을 보여 줬다는 점에서 주목을 받았지. 그는 천재성이나 특별한 재능을 지닌 인물이 아니었어. 직업을 가지고 제대로 사회생활을 하는 장애인으로 등장했다는 데서 다른 장애인 캐릭터와 차별점이 있었을 뿐이야.

드라마 속 장애인 캐릭터는 대체로 누군가의 도움을 받아서 살아가는 수동적인 인물로 등장해 왔어. 또는 착하거나 무해한 이미지 위주로 묘사되거나 단역 정도의 비중으로 나오곤 했지. 반면 〈라이프〉 속에 등장한 장애인 캐릭터는 건강보험심사평가원에서 일하면서 활발하게 자신의 삶을 살아가는 인물이었어. 휠체어를 타는 지체장애인이 사회에서 자신의 역할을 수행하는 모습은 그동안 미디어에서 다룬 장애인의 모습과 달랐어. 그는 보통 사람들과 다르지 않게 인간적인 갈등을 겪으며 고민하는 모습을 보여 주었어. 비장애인 시청자는 그의 일상생활을 엿보며 장애인의 생활에 대한 정보도 접할 수 있었지. 가령 그가 출퇴근할 때 이용하는 장애인 콜택시가 존재한다는 점, 전동 휠체어도 충전이 필요하다는 점 등 우리가 잘 알지 못했던 장애인의 평범한 일상에 대한 정보들이 자연스럽게 극을 통해 흘러나왔어. 비장애인은 그동안 놓치고 있었던 장애인의 일상을 접하게 된 거야.

해외의 미디어에서는 예전부터 장애인을 특별하지 않게 다루고 자연스러운 방식으로 등장시키려는 시도를 꾸준히 해 왔어. 1969년부터 미국의 공영방송에서 방영 중인 어린이 프로그램 〈세서미 스트리트(Sesame Street)〉에서는 방송 초기인 1970년대부터 지체장애, 청각장애, 시각장애 등 다양한 장애를 가진 어린이들을 꾸준히 출연시키고 있단다. 장애인 아동이 TV에 자연스럽게 출연하는 장면을 접하면, 이를 시청하는 장애 어린이 역시 자신이 특별하거나 소외되지 않은 존재라고 생각할 수 있기 때문이야. 뿐만 아니라 비장애인 어린이도 장애를 가진 또래를 평범한 친구로 받아들이는 효과도 있지.

이 외에도 미디어는 다양한 방식으로 장애인을 노출시키고 있어. 일상 속의 조연이나 엑스트라로 등장시키거나 행인 또는 가게 주인으로 출연시키기도 해. 드라마의 주요 인물이 장애인일 경우 직업을 가지고 주체적으로 살아가며 비장애인과 어울리는 모습을 보여 주기도 한단다. 반드시 극적 요소를 위한 인물이나 천재성을 지닌 인물로 등장하거나, 인간 승리를 이루는 모습이 아닌 자신만의 개성을 가진 다채로운 캐릭터로서 장애인이 미디어에 등장할 필요가 있어. 이 같은 시도는 장애인을 우리 주변에 살아가는 평범한 사람으로 인식하는 데 도움이 될 거야.

교과서에는 장애인이 얼마나 등장할까?

장애인의 모습을 천편일률적으로 그리는 것은 비단 미디어 속 이야기만이 아니다. 학생 모두가 보는 교과서 역시 마찬가지인 것으로 드러났다.

"교과서에서는 장애인을 배려나 보호의 대상으로만 묘사하고 있어 개선이 필요하다."

2018년 국가인권위원회 인권교육센터가 초중등 교과서의 내용을 모니터링한 결과를 발표하며 언급한 내용이다. 이에 따르면 삽화에서 장애인을 다루는 교과서가 국어 교과서 외에는 거의 없으며, 등장하는 장애인 역시 주로 신체장애인에 한정되어 있다. 또한 장애인은 일반인의 도움을 받는 모습으로 묘사되는 경우가 대다수이며, 그나마도 중심인물로 등장하지 않고 보조적인 인물로 그려진다.

이러한 교과서 속 장애인의 모습은 학생들에게 편견을 불러일으킬 수 있다. '장애인―비장애인'의 관계가 '도움을 받는 사람―도움을 주는 사람'이라는 일방적인 관계로 비쳐질 경우 문제가 생긴다. 일방적으로 도움을 줘야 하는 존재로 장애인을 생각할 때 '불편함' '싫음' 등의 감정이 생길 수 있기 때문이다. 이러한 문제를 해결하기 위해 국가인권위원회는 교과서도 인권 감수성을 키울 필요가 있음을 지적했다. 교과서의 사진 선택, 삽화 속 인물 배치, 서술 태도 등은 특정 집단에 대한 인식에 영향을 미칠 수 있다. 교과서 속에도 다양한 장애인의 모습이 등장해야 하는 이유이다.

음지를 탈출한
성 소수자

퀴어축제를 둘러싼 가짜 뉴스

2018년 한 언론에 차량 밑에 있는 한 남성의 사진이 실렸어. 제주에서 열린 퀴어문화축제를 보도하는 기사의 한 부분으로, 독자가 제보한 사진이었지. 해당 기사에는 퀴어축제 측 차량이 동성애 축제를 반대하는 시민을 깔고 지나가 논란이 되었다는 설명이 적혀 있었어.

그러나 채 하루가 지나지 않아 이 주장은 거짓인 것으로 밝혀졌어. 주최 측 차량이 해당 남성을 치고 지나간 것이 아니라, 남성이 스스로 정지된 차량 밑으로 기어 들어갔다는 사실이 드러난 거야. 행사 장면을 촬영한 동영상에는 퀴어축제에 반대하는 시위를 벌이

던 사람들이 자발적으로 축
제의 주최 측 차량 밑에 들
어간 것이 찍혔단다.

서울에서 열린 퀴어축제의 모습.

가짜 뉴스 사건 뒤에는 퀴
어축제에 반감을 갖는 시선
이 자리 잡고 있었어. 퀴어
(Queer)란 원래 '기묘한' 또
는 '색다른'을 뜻하는 말로
보통 동성애자나 양성애자, 성전환자 등의 성 소수자를 일컫는 용
어야. 우리가 사는 사회는 이성애자가 다수기 때문에 성적 성향이
나 취향이 다른 이를 성 소수자라고 부르는 것이지.

성 소수자를 부정적으로 바라보는 시선도 있어. 이들은 동성애
자나 성 소수자가 출산 등의 종족 보존과 무관하기 때문에 생물학
적으로 정상적이지 않다고 이야기해. 동성애자나 성전환자들을 성
정체성에 혼란을 만드는 사람, 가족제도나 기존의 가치관을 위태
롭게 만드는 사람이라고 여기는 것이지.

이러한 시각 때문에 오랫동안 성 소수자는 자신의 성적 성향을
밝히지 못한 경우가 많아. 그러나 1990년대부터 보수적인 사회 분
위기가 점차 바뀌면서, 성 소수자들도 인권운동단체를 만들거나 연
대하며 목소리를 키워 왔어. 해외에서 시작된 성 소수자 축제(퀴어

축제)가 한국에서도 2000년부터 열리기 시작했지.

퀴어축제를 반대하는 여론도 만만치 않았어. 특정 종교 집단을 중심으로 성 소수자에 반대하는 이들이 반(反)동성애 행사를 하거나 축제를 하지 못하도록 민원을 내는 사람도 많았어. 앞서 소개한 언론의 가짜 뉴스 역시 퀴어축제를 반대하는 분위기가 만들어 낸 사건이었지.

혐오하는 것도 권리일까?

지하철 2호선 신촌역에 걸린 한 광고가 화제가 되었어. "성 소수자는 당신의 일상 속에 있습니다"라는 글과 함께 성 소수자들의 얼굴이 실렸지. 이 광고는 '국제 성 소수자 혐오 반대의 날'에 맞춰 제작되었어. 그런데 광고가 걸린 지 얼마 되지 않아 누군가 커터 칼로 훼손하는 일이 벌어졌고, 훼손된 광고 사진은 온라인 커뮤니티에 일파만파 퍼졌어. 범인은 20대 청년이었어. 그는 '동성애가 싫고 광고가 보기 싫어서 범행을 저질렀다'고 이야기했지.

성 소수자에 대한 사회적 여론은 아직도 찬반으로 팽팽히 맞서고 있어. 건전한 성 가치관을 흔드는 부정적인 존재로 성 소수자를 평가하는 사람이 있는 반면, 타인에게 해를 끼치지 않는다면 성 소수자의 성적 성향을 이해하고 존중할 필요가 있다고 주장하는 사람도 있지.

동성애를 반대하는 이들은 '종교나 개인 신념을 이유로 성 소수자를 싫어하는 것도 개인의 권리'라고 이야기해. 성 소수자를 싫어하는 것은 개인의 감정이고, 표출하는 것 역시 개인의 자유라는 논리지. 성 소수자에 대한 차별과 혐오의 표현을 막는 것은 개인이 가진 표현의 자유를 침해하는 것이라고 주장하기도 한단다.

과연 누군가를 싫어하고 혐오를 표현하는 것 역시 개인의 자유에 속할까? 민주주의 사회에서 모든 개인은 의사 표현의 자유가 있고, 이를 막는 것은 개인의 자유를 탄압하는 일이 분명해. 그런데 의사 표현의 자유에도 한 가지 주의할 점은 있어. 차별이나 혐오 표현은 그 자체로 상대방의 인간 존엄성을 침해하고 특정 집단의 가치를 부정할 수 있다는 사실이야. 자유라는 가치도 중요하지만, 가장 중요한 것은 자유의 권리 행사가 '인간의 존엄성'이라는 최고의 가치를 해치지 않는 범위에서 이루어져야 한다는 점을 잊지 말아야 해. 이러한 관점에서 차별이나 혐오 표현은 헌법상 인간의 존엄성이라는 가장 중요한 가치를 해칠 수 있기에 허용하기 어려운 것이란다.

물론 누군가를 좋아하고 싫어하는 감정 자체가 잘못된 것은 아니야. 신촌역의 지하철 광고를 훼손한 범인이 동성애를 싫어하는 것은 엄연히 개인이 가진 감정의 영역이야. 그러나 광고를 훼손하는 행위로 감정을 표출한 것은 자유의 영역이 아니라 타인에게 피해를 입힌 범위의 일이라고 볼 수 있어. 따라서 그의 행동이 타당하다고 주장하기는 어렵지.

실제로 차별이나 혐오의 표현으로 인해 비정상으로 낙인찍혀 정신적 피해를 입는 성 소수자가 우리 사회에 많이 존재해. 2015년 국가인권위원회의 조사에 따르면 성 소수자 청소년 5명 중 1명이 자살을 시도한 적이 있는 것으로 나타났어. 학교 내 차별, 모욕, 불이익 등을 겪는 경우가 많다는 응답 결과도 있었지. 성 소수자가 취업 과정이나 직장에서 차별이나 따돌림, 성희롱을 경험한 경우도 전체 응답자의 44.8%에 달했어.

특정한 성적 지향을 좋아하거나 싫어할 수는 있어. 동성애나 트랜스젠더에 대한 의견 역시 갈릴 수 있지. 그러나 성적 지향을 이유로 누군가에게 사회적 불이익을 주고 혐오 표현을 하는 것까지 개인의 자유라고 보기는 어려워. 차별이나 혐오는 개인의 자유를 넘어서 타인의 인권을 침해하는 문제를 불러일으킬 수 있기 때문이야.

성 소수자를 다루는 미디어의 시선

2020년 7월, 전국 30여 개의 신문사가 한국신문윤리위원회로부터 무더기로 경고와 주의를 받았어. 코로나19 확진자 중 1명이 방문했던 클럽을 성 소수자들이 이용하는 곳이라고 보도하고, 성 소수자의 공간 이용 실태를 흥미 위주로 편집해서 받은 제재였지.

방역 당국도 해당 내용을 밝히지 않은 상태에서 한 신문사가 확진자의 방문 장소 중 하나가 성 소수자들을 위한 클럽이라는 사실을 폭로했어. 뒤이어 성 소수자가 방문하는 곳에 대한 선정적인 기사가 줄을 잇기 시작했지. 다수의 언론 기사 댓글에는 동성애자나 성전환자에 대한 혐오 표현이 줄줄이 달렸어. 성 소수자 집단을 '바이러스 전파자'로 취급하는 댓글도 이어졌지.

이런 기사가 방역에 도움이 되었을까? 오히려 성 소수자에 대한 차별과 혐오를 걱정한 해당 클럽 방문자들이 검사를 꺼린다는 이야기가 전해졌어. 언론이 굳이 확진자의 성 정체성과 그가 방문한 장소의 특성 등을 밝혀야 했는지 의문을 제기하는 시선도 있었지. 이는 방역에 도움이 되지 않을 뿐만 아니라 사회적 차별을 부추기는 데 영향을 주었어. 결국 이러한 언론의 보도 행태는 윤리위원회의 제재를 받기에 이르렀단다.

성 소수자를 대하는 언론의 시선은 몇 가지 방향에 치우쳐 있어.

호기심으로 시선을 끄는 선정적 기사에 치중해 있거나 편견을 부추기는 기사가 대부분이지. 코로나19 팬데믹 속 성 소수자 관련 보도는 미디어가 사회적 소수자를 어떻게 바라보는지 알려 준 사건이었어.

시사 프로그램이나 뉴스가 아닌 다른 성격의 방송 프로그램에서는 성 소수자를 어떻게 다루고 있을까? 성 소수자를 다룬 프로그램은 사실 그리 많지 않아. 대체로 다큐멘터리나 단막극 등에서 간헐적으로 등장했을 뿐이야. 그나마도 어둡고 은밀한 이미지로 표현되거나 호기심을 자극하는 존재로 나오는 경우가 많았어. 예능 프로그램에서 성 소수자를 웃음의 소재로 쓰는 상황도 종종 있었지. 언론과 방송에서 다루는 성 소수자의 이야기는 이성애자의 시선을 바탕으로 동성애자를 '나와 다른' 타자로 느끼게 만드는 경우가 대부분이었어.

우리나라 연예인 최초로 커밍아웃을 한 방송인 홍석천 씨는 자신의 성 정체성을 밝힌 뒤 방송 활동에 많은 어려움을 겪었다고 고백한 바 있어. 성 정체성을 밝히는 것만으로도 방송에 출연하기 어려울 정도로 성 소수자의 입지가 좁다는 사실을 짐작할 수 있지.

인식을 변화시킬 힘은 미디어에

미디어를 벗어나 현실에서 사람들의 인식을 살펴볼까? 2020년 5월 한국보건사회연구원과 한국리서치가 소수자 관련 편견을 조사한 적이 있어. 이 조사에서 성 소수자에 대한 명시적 편견은 5점 만점에 3.23점으로, 다른 사회적 소수자인 외국인 노동자(2.99점)나 북한 이탈 주민(2.90점)에 대한 편견보다 높은 것으로 드러났어. 명시적 편견이 높다는 것은 해당 소수자에 대한 부정적인 인식을 숨기지 않고 '대놓고' 드러내는 데 거리낌이 없음을 의미한단다. 반면에 암묵적 편견은 표면적으로 차별하는 것을 숨기고 있지만 마음속에서는 은근한 차별 의식을 가진 것을 말해.

최근 들어 인권과 평등이 중요해지면서 사회적 소수자를 존중

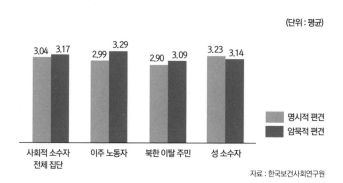

〈사회적 소수자에 대한 편견 지수〉

(단위 : 평균)

자료 : 한국보건사회연구원

해야 한다는 목소리가 커지고 있어. 그 때문에 북한 이탈 주민이나 외국인 노동자에 대한 명시적 편견은 암묵적 편견보다 높지 않은 것으로 나타났지. 그러나 유일하게 성 소수자에 대해서는 암묵적 편견보다 명시적 편견이 높은 것으로 드러났어. 이를 통해 사람들이 다른 사회적 소수자보다 성 소수자에 대한 편견의 태도를 비교적 거리낌 없이 바깥으로 드러내고 있음을 알 수 있지.

반면 가족이나 친구, 이웃으로 직접 성 소수자를 대면한 경험이 있는 응답자들은 그렇지 않은 경우보다 비교적 낮은 수준의 명시적 편견을 보였어. 마찬가지로 미디어를 통해 성 소수자를 간접적으로 대면한 경우에도 명시적 편견이 조금 줄어든 것으로 나타났지. 그러나 미디어를 통해 성 소수자를 대한 사람들의 암묵적 편견은 오히려 높은 것으로 드러났어. 미디어에서 정해 놓은 방식으로 성 소수자를 접할 경우, 겉으로는 대놓고 편견을 갖지 말아야 한다고 생각하지만 마음속 편견의 태도를 버리기는 어렵다는 사실을 알 수 있어.

성 소수자와 미디어에 대한 흥미로운 연구도 있었어. 한 연구자는 2013년 홍석천 씨가 나오는 토크쇼를 연구 대상자에게 보여 주고 성 소수자에 대한 인식 변화를 조사했어. 이 방송에서 홍석천 씨는 동성애자와 트랜스젠더에 대한 구분, 커밍아웃의 과정과 이후의 변화 등을 솔직하게 밝혔단다. 연구 대상자들은 이 방송을 시청한 후 성 소수자에 대한 인식에 긍정적인 변화를 보였지. 미디어가 성 소수자를 어떻게 대하느냐에 따라 부정적 인식도 줄어들고 편견의 벽도 낮출 수 있음을 보여 준 결과였단다.

성 소수자의 모습을 드라마에서 다룬 경우도 있었어. 2010년 한 주말드라마에서 남성 커플이 주요 등장인물로 나왔지. 그동안 동성애 커플을 다룬 단막극은 있었지만 주말드라마에서 본격적으로 동성애를 다룬 것은 처음이었어. 동성애를 반대하는 단체는 방송을 중단하라고 요구했지만 해당 드라마는 동성애에 대한 새로운 시각을 제시해 주었다는 점에서 호평받기도 했어. 성 소수자가 평범한 일상과 동떨어진 존재가 아니라 가족의 일원으로 등장하는 새로운 시도를 한 셈이지.

디즈니 애니메이션에 등장한 성 소수자

2020년 디즈니 애니메이션 〈온워드 : 단 하루의 기적〉에는 여성 경찰관이자 동성애자인 캐릭터가 등장해서 자신의 여자친구에 대해 말하는 장면이 있어. 월트디즈니의 실사 영화에서 성 소수자 캐릭터가 등장한 적은 있지만, 애니메이션에서는 처음이었지.

미국 인기 드라마에서도 성 소수자는 중요 캐릭터로 등장하고 있어. 우리나라 드라마에서는 성 소수자를 은밀하고 낯선 사람으로 다루는 반면 미국 드라마에서는 상대적으로 유쾌하고 즐거운 이미지로 그리는 경우가 많아.

디즈니 애니메이션이나 미국 드라마처럼 해외에서는 이미 다양한 방식으로 성 소수자를 등장시키고 있어. 광고나 방송에도 성 소수자를 적극적으로 출연시키는 경우가 생겼지. 한 패션업체가 성 소수자를 모아 광고 찍는 일도 있었고, 성 소수자 단체에 후원하는 해외 기업도 있단다.

점차 다양한 뉴미디어가 등장하면서 우리나라에서도 성 소수자가 자신의 목소리를 내는 경우가 늘어나고 있어. 성 소수자는 새로운 미디어를 통해 그들의 권리나 일상생활을 털어놓으며 편견을 깨려고 시도 중이야. 앞으로 미디어에서 다루는 성 소수자의 모습이 어떻게 바뀔지 변화에 주목해 보아야 할 시점이지.

사회적 소수자는 어떤 사람일까?

사회적 소수자는 신체적, 문화적 특징 때문에 사회의 다른 구성원과 구분되어 불평등한 대우를 받는 사람을 말한다. 장애인, 성 소수자, 노인, 외국인 노동자, 빈곤층 등이 현재 우리나라에 존재하는 소수자 집단이다.

사회적 소수자 집단은 대개 네 가지 정도의 특성을 보인다. 첫째, 신체 또는 문화적으로 다른 집단과 구별되는 뚜렷한 차이가 있다. 둘째, 다른 집단보다 권력이 작거나 자원을 동원할 수 있는 능력이 적다. 셋째, 해당 집단의 구성원이라는 이유만으로 사회적 차별을 받는다. 넷째, 어떤 사람이 자기가 차별받는 구성원이라는 점을 느끼면 소수자 집단이 된다.

소수자 집단의 정체성은 변하지 않는 것일까? 그렇지 않다. 가령 동남아에서 건너온 외국인 노동자는 우리나라에서 사회적 차별을 받을 수 있다. 그러나 그가 자신의 고향에 돌아가면 사회적 차별을 받지 않는다. 마찬가지로 한국인도 동양인이라는 이유로 서양에서 차별받을 수 있으나, 한국에 오면 소수자 집단에 속하지 않는다. 이처럼 사회적 소수자 집단은 사회적 환경과 상황에 따라 충분히 바뀔 수 있다.

내 나이가
어때서

노인은 어쩌다 혐오 대상이 되었을까?

언제부터인가 인터넷에 '틀딱'이라는 말이 돌기 시작했어. 노인을 혐오하는 표현 중 하나로, 틀니를 하는 노년 세대를 폄하하는 단어야. 나이 들고 고집이 센 사람을 '꼰대'라고 일컫는 말은 이미 널리 쓰이는 표현이 되었지. 그런데 '틀딱'이라는 표현은 한층 더 심한 혐오를 담고 있어.

노약자석에 있는 임부를 폭행한 노인이나 정치와 관련된 시위를 위해 모인 노인들의 이야기를 다루는 기사 댓글에 이 단어가 자주 등장하고는 해. 인터넷에는 버스 정류장에서 젊은이들을 밀치고 지나가는 노인이나 나이를 무기로 함부로 행동하는 노인의 행동을 비판하는 의견도 적지 않아. 이러한 모습이 노인층 전부를 대변하지는 않는다는 것을 우리는 알고 있어. 하지만 언론에 노출되는 노인은 주로 이런 모습으로 한정되어 있지. 때문에 사람들은 노인의 특성을 고집 세고 무례하며 편협한 이미지로 규정지어 욕하는 경우가 많아.

한편으로는 의아하기도 해. 우리나라는 예로부터 나이 든 사람을 공경하는 것을 기본 도덕으로 여겼어. 그런데 어느 순간부터 노인은 소외를 넘어 혐오의 대상이 되어 버렸지. 노인을 향한 혐오 표현은 언제부터 시작되었을까?

옛 메소포타미아의 수메르 점토판에도, 이집트의 피라미드 내벽에도, 고대 그리스의 철학자 소크라테스가 남긴 글에도 '요즘 젊은이들이 버릇이 없다'는 말이 적혀 있어. 세대 갈등은 시대를 초월하여 존재한 현상인 거야. 연령에 따라 살아가는 세상이 변하고, 세대 간 사고방식에 차이가 나기 때문에 세대 갈등은 늘 일어나기 마련이거든.

그런데 최근에는 다른 세대를 혐오하는 현상까지 나타나고 있어. 왜 그런 것일까? 아마도 빠른 사회 변화 탓이 클 거야. 세상의 변화에 따라 달라지는 생존 방식과 정보 습득 기술이 가치관과 사고방식의 차이를 불러왔고, 세대 갈등도 더욱 심각하게 벌어졌어.

특히 우리나라는 다른 어떤 나라보다 빠른 사회 변동을 겪어 왔어. 6·25전쟁 이후 경제성장이 압축적으로 빠르게 일어났고, 민주주의 역시 짧은 시간에 자리 잡았지. 서구 사회에서 200~400년에 걸쳐 이루어진 변화를 한국은 고작 한 세대 만에 이루어 낸 셈이야. 즉, 1930년대에 태어난 노인은 봉건적인 분위기의 농촌 사회에서 어린 시절을 보냈지만, 성장하여 살아가면서 산업화, 민주화, 자본주의의 정착과 디지털화를 모두 겪은 세대란다.

전통 사회에서는 오랫동안 연륜을 쌓은 노인으로부터 삶의 지혜를 얻는 것이 당연한 일이었어. 그런데 요즘 청년들이 살아가는 세상은 현저히 달라. 노인이 젊은 세대에게 들려줄 수 있는 이야기가 예전만큼 많지 않아졌지. 오히려 노인 세대가 적응하기 어려운 세상이 되면서 '도움을 주어야 할 대상'으로 그들을 보는 시선이 늘어났어.

민주화가 진행되고 일상생활의 에티켓이 중요해지면서 몇몇 '무개념'이라고 불리는 노인의 모습이 대중매체에 노출되었어. 정치의 민주화를 주장하는 젊은 세대와 달리 보수적인 정치 성향을 지닌 노인 세대의 모습도 언론에 자주 비쳤지. 그런 노인 세대를 보며 온라인 커뮤니티를 중심으로 혐오 표현이 증가했어.

세대 간 경제 갈등 문제도 노인 혐오에 숨어 있어. 우리나라는 저출산과 노인 인구의 증가로 고령화가 진행되고 있어. 2019년 통계청의 조사 결과를 보면, 한국의 65세 이상 노인 인구는 14.9%를 차지해. 이런 추세는 더욱 심해져 2067년이 되면 전체 인구 중 노인 인구의 비율이 46.5%에 이를 것이라는 예측이 나오기도 했지.

반면 생산 활동을 책임지는 생산 연령 인구는 급격히 줄어들면서 사회의 부담이 커지고 있어. 저출산, 고령화 상태가 그대로 이어진다면 2067년에는 생산 연령 인구 100명이 감당해야 할 고령 인구는 102.4명으로 예상된단다. 젊은이들이 노인 인구를 부양해야 한다는 사회적, 심리적 부담이 점차 커지면서 노인을 '부담의 대상'으로 여겨 혐오가 더욱 심각해지기도 하는 거야.

빈곤한 노인이 대상이 되는 이유

여기서 한 가지 짚고 넘어갈 문제가 있어. 온라인에서 혐오의 대상이 되는 이미지는 주로 '빈곤한 노인'에게 집중되어 있다는 점이야. 무료로 지하철을 타고 다니는 노인을 혐오하는 표현이나 폐지 줍는 노인을 희화화하는 말도 존재한단다.

우리나라는 노인 빈곤율이 매우 높은 국가에 속해. 2017년 기준 무려 43.8%의 노인 인구가 중위 소득(전체 가구의 소득 규모를 나열할 때 한가운데를 차지하는 소득)의 50%에 못 미치는 돈으로 생활하고 있어. OECD 평균 노인 빈곤율이 14.8%인 것을 감안하면 대한민국에 적은 소득으로 살아가는 노인이 얼마나 많은지 짐작할 수 있지.

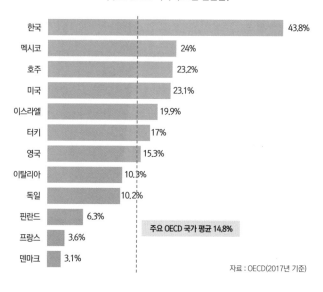

〈주요 OECD 국가의 노인 빈곤율〉

한국	43.8%
멕시코	24%
호주	23.2%
미국	23.1%
이스라엘	19.9%
터키	17%
영국	15.3%
이탈리아	10.3%
독일	10.2%
핀란드	6.3%
프랑스	3.6%
덴마크	3.1%

주요 OECD 국가 평균 14.8%

자료 : OECD(2017년 기준)

  과거 전통 사회에서 노인 빈곤은 사회문제가 아니었어. 자녀가 나이 든 부모를 부양하는 것을 당연하게 생각했기 때문이야. 그러나 핵가족화가 진행되면서 자녀가 노년의 부모를 책임지고 부양하는 경향도 사라지는 추세야. 그럼에도 노인을 위한 일자리는 부족하고, 노후연금제도도 충분한 소득을 보장하지는 못해. 특히 우리나라의 경우 부모가 젊은 시절 소득이나 재산을 대부분 자식을 위해 쓰기 때문에 노후 대책을 마련하기 어려운 측면도 있어.

  노인의 현실은 열악한 데 비해 공공부문에서 노인을 위해 지출되는 돈은 적은 편이야. 정부나 공공기관이 노인 인구를 위해 지출하는 돈은 전체 예산의 2.23%에 불과해. 2013년 기준으로 OECD 평균이 7.7%인 것을 감안하면 턱없이 부족한 수준이지. 이런 상황에서 노인 빈곤율이 높아지는 것은 어찌 보면 당연한 결과야. 우리 사회의 구조나 제도가 노인들을 빈곤의 늪으로 밀어 넣는 경향도 있다고 볼 수 있지.

젊은 세대 역시 빈곤한 노인의 모습을 보면서 자신의 노후에 불안감과 두려움을 느껴. '나이 드는 것'과 '가난해지는 것'에 대한 공포와 두려움이 노인 세대를 멀리하는 마음으로 변질되기도 하지. 이런 맥락에서 우리가 경시하는 노인 세대의 모습은 주로 빈곤한 노인의 이미지와 겹치는 경우가 많아. SNS나 온라인 커뮤니티를 살펴보면 '부유한 노인'은 차별이나 혐오의 주요 대상이 되지 않는다는 사실을 깨달을 수 있어. 주로 우리가 공공장소나 지하철, 버스 같은 곳에서 흔히 만나는 노인들이 그 대상이 되고 있지. 노인 혐오나 차별의 이면에는 노인 개개인의 행동이나 특성뿐 아니라 사회경제적 원인도 숨어 있는 거야.

노인답게 늙는 것을 강요하는 사회

2018년 한 일간지에 노인복지센터에 관한 기사가 실렸어. 서울의

한 복지센터에서 강의실에 노인을 위한 일일클럽을 꾸미고 흥겹게 춤추는 모습을 전했단다. 그런데 이 기사에는 싸늘한 댓글이 달렸어. '노인답게 나이 들어라'는 식의 악플이었지.

생각해 보면 이러한 댓글 속에는 우리 사회가 노인을 향해 갖는 고정관념이 담겨 있어. 보통 노인의 모습을 떠올리면 경로당에 앉아 TV를 시청하거나 운동 시설을 이용하며 여가를 보내는 모습을 상상하고는 해. 인간의 평균수명은 점점 길어지고 있고, 옛날보다 육체적·신체적으로 건강한 노인이 많은데도 말이야. 노인이 제대로 여가를 즐길 만한 사회적 시설을 찾기도 쉽지 않아. 그래서 노인이 조금 다른 방식의 즐거움을 누리려고 하면 노인답게 살라며 눈총을 보내기도 하지. 노년층을 사회의 중요한 축으로 여기기보다 '조용히 나이 들어 가야 하는 존재'로 규정하는 거야.

이런 모습은 미디어에도 그대로 반영돼. 예능 프로그램이나 드라마 주인공은 자연스럽게 청년층이나 장년층에 한정되어 있단다. 왜 그럴까? 대부분의 미디어는 젊고 활기찬 모습의 청년을 다루는 데 관심이 많아. 그만큼 방송이나 언론에서 노인이 주인공이 되기 쉽지 않지. 방송이나 신문, 인터넷 뉴스 역시 젊은 세대를 주인공으로 규정하고, 노인 세대는 가장자리 역할로 세워 놓는 편이야.

노년층이 주인공으로 극을 이끌어 가는 드라마는 거의 없어. 드라마 속 노인의 역할은 극을 적극적으로 주도하는 것이 아니라 누군가의 부모나 조부모로서 존재하는 경우가 많지. 이를 보면서 노인 세대는 주인공이 될 수 없고 주변으로 밀려나 있는 존재라고 인식하게 된단다. 미디어는 나이 드는 것과 함께 노인의 이미지를 몇 가지로 한정해 놓고, 그것과 어긋나는 모습은 웬만하면 비추지 않아. 이런 분위기 속에서 노인 개개인의 특성이나 자유로운 활동은 제약받기 쉽다는 문제점이 있어.

새로운 노인의 모습을 보여 주다

2013년에 시작한 예능 프로그램 〈꽃보다 할배〉 시리즈는 노년의 배우들이 해외여행을 가는 모습으로 큰 인기를 끌었어. 사람들은 방송에서 노인이 주도적 역할을 하며 다양한 삶의 방식과 철학을 보여 줄 수 있음을 알게 되었지. 노년층 배우들은 젊은 세대와는 다른 매력을 선사하며 화제가 되었단다. 이 프로그램을 통해 노년층도 TV 프로그램이나 미디어에서 주역이 될 수 있다는 가능성을 엿볼 수 있었어. 이후 노년층이 랩을 배우거나 드라마의 주인공이 되어 극을 이끌어 가는 방송 프로그램이 종종 등장했지.

뉴미디어에서도 노년층이 등장해 인기를 끄는 경우가 생겨나고 있어. 특히 유튜브에서 노년층의 활약이 두드러지면서 실버 세대 유튜버가 등장하기 시작했어. 그들은 그동안 쌓아 온 삶의 경험으로 입담을 뽐내기도 하고, 패션이나 법률 등 전문 지식뿐만 아니라 반려동물 정보를 알려 주기도 했지. 이런 노년층 유튜버들의 모습에 젊은 세대가 호응한 거야.

2019년 한국콘텐츠진흥원이 전망한 콘텐츠의 미래 중 하나는 '실버 프로슈머의 활약'이라고 해. 인터넷이나 스마트폰 등을 능숙하게 조작하는 장년층과 노년층이 새로운 콘텐츠의 소비자이자 생산자로 부상했다는 거야. 실제로 2018년 애플리케이션 분석 업체인 와이즈앱이 조사한 바에 따르면 50대 이상의 유튜브 이용 시간은 한 달에 79억 분으로, 10대에 이어 2위를 기록했어. 유튜브 동영상 소비자로서 노년 세대의 힘이 강해질수록 그들이 선호하는 콘텐츠를 만들어 낼 수 있는 장년층, 노년층도 늘어날 거라는 전망이야. 이처럼 유튜브는 새로운 노년층의 모습을 보여 주면서 노인에 대한 고정관념을 깨는 데 도움을 주고 있어. 더불어 노인이 사회에서 할 수 있는 새로운 역할을 제시하기도 한단다.

노년층이 더 활발하게 미디어에서 활약하기 위해서는 어떤 전제 조건이 필요할까? 노인들의 새로운 모습을 보여 주는 일인 만큼 노년층의 미디어 활용 교육이 필요해. 한국지능정보사회진흥원이 실시하는 디지털 정보 격차 실태 조사에서 60대 이상 노년층은 디지털 역량이나 접근, 활용 측면에서 매년 가장 낮은 점수를 받아 왔어.

일부 채팅창이나 유튜브를 통해 들어오는 극단적인 정보를 수동적으로 받아들임으로써 세대 간 갈등이 심해지는 경우도 많았지. 노인문화센터나 도서관 등의 기관에서 노인에게 디지털 활용 교육이나 미디어 리터러시 교육을 적극적으로 실시할 필요가 있어. 이런 교육을 통해 노년층 역시 자신들의 목소리를 내고 젊은이들과 소통하며 새로운 노인의 모습을 보여 줄 기회를 가지게 될 거야.

노년 인구 비율이 높아질수록 사회에서는 노년층을 위해 새로운 일자리와 여가 공간을 만들 필요가 있어. 마찬가지로 미디어에서 노년층의 새로운 자리와 역할이 마련된다면 노인들의 새로운 여갓거리가 생기고 젊은 세대와의 소통이 원활해질 거야. 이런 변화는 노인을 혐오하는 분위기를 완화하고 세대 간 갈등을 줄이는 데 도움을 줄 수 있어.

디지털 시대에 노인이 설 자리가 줄어든다

최근 디지털 시대가 도래하면서 패스트푸드점에는 무인화 기계가 곳곳에 세워지고 있다. 메뉴를 선택하고 카드를 꽂아 주문하는 시스템은 편리해 보인다. 그러나 무인화 기계가 모두에게 편리하고 좋은 것일까? 디지털 문화에 소외된 계층, 특히 노년층에게는 매우 어려운 문제이다.

한국지능정보사회진흥원이 발표한 2018년 디지털 정보 격차 실태 조사에 따르면, 장노년층의 디지털 정보화 수준은 63.1%로 소외 계층 중 가장 열악했다. 디지털 사용에 서투른 노인은 이제 기차나 고속버스 등의 승차권 구입이나 카페, 식당에서의 주문 단계에서 장벽에 부딪힌다. 한 일간지에서 고령자를 대상으로 한 설문조사에서 응답자 10명 가운데 7명 (72.7%)이 무인화 기계 등의 기기를 한 번도 이용해 본 적이 없거나, 몇 번 시도하다 포기했다고 답했다. 은행의 모바일 뱅킹 이용률 역시 70대 이상은 6.3%에 그쳤다. 20대(76.3%)나 30대(87.2%)에 비해 현저히 낮은 비율이다.

4차 산업혁명이 빠르게 진행될수록 서비스 업종의 디지털화는 빠르게 이루어질 것으로 보인다. 따라서 디지털 기기 이용에 소외된 노인에 대한 교육이 적극적으로 필요하다.

대한외국인이 될
예정입니다

외국인 노동자 개그 뒤의 씁쓸한 현실

2000년대 초반, 개그 프로그램에서 외국인 노동자 분장을 한 개그맨이 "사장님 나빠요"라고 외치는 코너가 있었어. 이 코너 속 외국인 노동자는 외국인을 무시하거나 일만 잔뜩 부려먹고 제대로 돈을 주지 않는 사장님들에게 일침을 날렸지. 일부 한국인 고용주들의 외국인 노동자 홀대와 차별을 꼬집은 유머였던 셈이야.

외국인 노동자를 소재로 한 개그는 더 이상 존재하지 않아. 그렇다면 그들에 대한 차별도 사라졌을까? 법무부에 따르면 2018년 말기준 취업 비자를 받고 우리나라에서 일하는 외국인 노동자는 총 103만 명이 넘는 것으로 집계됐어. 관광 비자를 받아 들어오거나 체류 기간이 지났음에도 우리나라를 떠나지 않은 불법체류자 약 32만 명까지 합하면 전체 외국인 노동자는 130만 명이 훌쩍 넘는 것으로 추정할 수 있지.

그러나 외국인 노동자를 향한 부당한 대우는 아직도 사라지지 않고 있어. 2018년 외국인 노동자의 임금 체불 신고액은 972억 원으로, 2015년(504억 원)보다 크게 늘어난 것으로 조사되었어. 외국인 노동자를 대상으로 근로 조건을 조사한 결과, 응답자의 절반(49.7%)이 일주일에 52~68시간을 일하며 일주일에 단 하루만 쉴 수 있다고 답했지. 2018년 국가인권위원회의 조사에서는 회사가 정한 숙소에 머무르는 외국인 노동자 중 39%가 숙소에 실내 화장실이 없다고 대답하기도 했어. 많은 외국인 노동자가 열악한 환경과 근로 조건에서 일하고 있음을 알 수 있어.

외국인 노동자가 한국인의 폭언이나 폭행에 시달리는 경우도 많단다. 2019년 한국인 남성이 외국인 남성에게 욕설 섞인 폭언을 하다가 폭행으로 이어지는 영상이 SNS에 올라왔어. 한 농장 관리자가 자신의 농장에서 일하는 우즈베키스탄 노동자를 폭행한 사건이었지.

외국인 노동자들이 얼마나 열악하고 위험한 근로 환경에 놓여 있는지 짐작할 수 있는 조사 결과도 있어. 2019년 한 국회의원의 조사에 따르면, 2014년부터 2019년까지 산업재해로 사망한 외국인이 무려 557명에 달해. 한 달에 약 8명이 일을 하다가 사망한 것으로 추정된단다.

외국인 노동자는 왜 차별받을까?

우리나라에 온 외국인 노동자 대다수가 중소기업의 공장이나 식당 주방, 건설 현장, 요양병원, 농어촌 등에서 일하고 있는 것으로 나타났어. 주로 한국인이 기피하는 3D 업종이라 불리는 분야란다. 외국인 노동자 없이는 공장 운영이나 농사 등의 생산 활동이 제대로 이루어지기 힘들 정도라는 이야기도 나오고 있어.

3D 업종에서 일하는 외국인 노동자는 주로 한국계 중국인 또는 동남아시아나 중앙아시아 등지에서 온 이들이야. 많은 한국인은 이러한 국가의 경제 수준이나 국제적 지위에 편견을 가지고 있는 경우가 많아. 게다가 한국에는 유교적 전통의 영향으로 육체노동과 정신노동을 분리하여 육체노동의 가치를 제대로 존중하지 않는 문화가 아직 남아 있어. 그렇다 보니 정신노동에 비해 육체노동의 임금 가치가 제대로 매겨지지 않는 경우도 많지.

우리 사회에 꼭 필요한 분야에서 일함에도 불구하고 태어난 국가의 경제적 수준이나 육체노동에 대한 고정관념 때문에 외국인

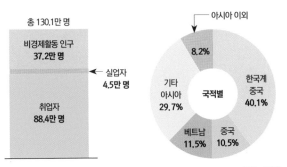

〈외국인 노동자 주요 통계〉

(2018년 5월, 91일 이상 거주한 만 15세 이상 상주인구 기준)

총 130.1만 명

비경제활동 인구
37.2만 명

← 실업자
4.5만 명

취업자
88.4만 명

아시아 이외

8.2%

기타
아시아
29.7%

국적별

한국계
중국
40.1%

베트남
11.5%

중국
10.5%

자료 : 통계청

노동자들이 차별을 겪고 있어. 외국인 노동자와 그 자녀들은 '가난한 나라에서 왔다'거나 '너희 나라로 돌아가라'는 등 차별의 말을 듣기도 하지.

일자리를 둘러싼 경제적 갈등 때문에 외국인 노동자를 차별하는 경우도 있어. 육체노동을 요구하는 일자리가 외국인 노동자들로 채워지면서 자신의 일자리에 위협을 받는 한국인이 생겼거든. 저성장 시대와 4차 산업혁명으로 인해 일자리는 더욱 줄어들고 있고, 외국인 노동자와 한국인 노동자 사이에 일자리 경쟁이 붙으면서 상대적으로 더 낮은 임금으로 일할 수 있는 외국인 노동자가 그 자리를 채우고 있어. 이렇게 현지인과 이주민이 일자리 때문에 부딪히는 일은 우리나라에서만 일어나는 것은 아니야.

전 세계 사람들이 일자리를 구하기 위해 자유롭게 국경을 넘는 시대가 왔어. 그럼에도 불구하고 낮은 임금을 받는 노동자 계층의 경우 고향에서 평생을 일하며 정착하는 경우가 많아. 이들과 외국인 노동자와 일자리 경쟁이 붙으면서 외국인 노동자에 대한 차별과 혐오가 심해졌지. 반면 외국인 노동자와 직접적으로 부딪히지 않는 사회의 엘리트 계층은 개방적이고 민주화된 사회를 만드는 정책을 추진했고, 현지의 노동자 계층은 이에 대한 반발로 점차 보수적으로 되었어. 노동자 계층의 보수화 현상은 우리나라뿐만 아니라 유럽이나 미국 등 이민자의 비중이 큰 나라에서도 벌어진단다. 이 문제는 외국인 노동자에 대한 차별뿐 아니라 난민 수용 문제, 정치 지도자 선정 문제에도 영향을 끼치고 있어.

외국인 며느리의 한국 문화 적응은 필수?

전 세계적으로 이방인에 대한 혐오 현상이 점차 심해지고 있어. 이 현상을 이방인이라는 뜻의 제노(Xeno)와 기피한다는 뜻의 포비아(Phobia)를 합쳐 제노포비아라고 말해. 제노포비아가 심해지는 상황 속에서 미디어는 이주민을 어떻게 대하고 있을까?

미디어에서 사용하는 언어들을 떠올려 봐. '불법체류자' '기아를 피해 온 난민'과 같은 말을 살펴보면 외국인 노동자를 미디어가 어떤 식으로 바라보는지 알 수 있지. 주로 외국인 노동자를 부정한 존재나 사회의 동질성을 해치는 오염의 근원 등으로 바라보고 접근하고 있어. 외국인 노동자 전체가 불법체류자이거나 우리 사회를 오염시키는 존재가 아님에도 부정적인 잣대를 만드는 거지.

이주민의 국적에 따라 이중적인 잣대를 씌우는 경우도 많아. 국내 드라마에 나온 외국인 유형을 조사한 결과, 미국인이나 백인 혼혈인은 보통 성공한 전문직, 진취적이고 긍정적이며 호감형 외모를 가진 인물로 다뤄. 반면 동남아시아인이나 중앙아시아인 등은 경제적으로 어렵고 사회의 도움이 필요한 사람, 어두운 이미지로 다루는 경우가 많지. 외국인 노동자를 편견에 찬 잣대로 분류해서 드라마 설정을 잡는 거야.

교양이나 예능 프로그램에 나오는 이주민의 모습에도 고정관념이 담겨 있어. TV에 많이 나오는 이주민 유형 중 하나는 국제결혼을 통해 한국에 들어온 여성의 모습이야. 특히 결혼 이주 여성의 삶을 '외국인 며느리의 한국 적응기'에 초점을 맞추어 다루는 경우가 많지. 미디어는 이들이 문화 차이로 인해 시댁이나 남편과 갈등을 겪는 모습과 함께 한국 국적의 여성보다 더 전통적인 이미지의 부인이나 며느리가 되기 위해 노력하는 모습을 보여 줘. 결혼 이주 여성은 특히 더 다양한 환경과 문화적 조건을 가진 이들이지만, 미디어에서는 주로 '가난한 나라에서 시집온 여성' '한국에 적응해야 하는 여성'이라는 틀로 보여 주지. 즉, 미디어에서는 이주 여성을 한국 문화에 적응해야 하는 존재로 바라보고, 한국은 이들을 도와주거나 우위에 있는 입장으로 그리는 경우가 대다수야. 이들이 한국 특유의 가족 문화에 적응해야만 안정적인 다문화 가정이 만들어질 수 있다고 말하는 거지.

드라마에 등장하는 결혼 이주 여성이나 혼혈 자녀는 폭력이나 따돌림을 당하고 사회적 차별을 받는 것으로 재현되기도 해. 다문화 가정의 청소년은 비(非)백인이 많고, 자신을 향한 차별적인 말이나 행동을 접해도 저항하지 못하는 수동적인 성격으로 많이 그려지고 있어. 미디어가 이주민의 모습을 판에 박은 듯 비슷하게 그리면서 그들에 대한 고정관념을 키우고 있는 셈이지.

노동력을 불렀는데 사람들이 왔다

우리 사회의 이주민을 비슷한 모습으로 다루는 것이 왜 문제인지 되물을 수 있겠지. 어차피 한국 사회 속 그들은 소수인데 말이야. 그러나 이미 우리나라에 살고 있는 이주민이 200만 명이 넘는 상황에서 그들을 낯선 존재로 다루는 것이 최선일까?

한국은 오랫동안 단일민족으로 살아왔고, 비슷한 삶의 방식을 중요하게 여겨서 '우리'라는 집단을 중요시하기도 해. 어떤 존재를 '우리'와 다른 '그들'로 선을 그어 놓고 대하는 것을 타자화(他者化)라고 해. 여기에는 나와 타인을 구별할 때 자신이 상대보다 우월하다는 인식이 깔린 경우가 많기 때문에 차별로 이어지기 쉬워. 이주민뿐 아니라 장애인, 성 소수자 등 사회적 소수자는 대부분 타자화의 대상이 되어 미디어에 등장하는 경우가 많지. 사회적 소수자를 '동정을 베풀어야 하는 존재'로 보는 시선 역시 모두 그들을 타자화한 셈이야.

이주민의 경우 다른 사회적 소수자보다 더 특별한 시선으로 바라보기도 해. 미디어에서는 '착한' 이주민과 '나쁜' 이주민의 모습을 가르고 다루지. 미디어뿐 아니라 일상생활에서도 우리는 사회에 도움이 되는 착하고 온순한 이주민과 그렇지 않은 이주민을 나누어서 구별하는 경우가 많아. 그래서 '○○나라 사람들은 도움이 되는데, △△나라 사람들은 문제를 일으키니 법을 엄격히 적용해야 한다'는 식으로 이야기하기도 해.

특히 언론에서는 결혼 이주 여성이나 외국인 노동자가 사회에 어떤 식으로 도움이 되고 효용 가치가 있는 존재인지 논하는 사설이나 기사가 많지. 경제적 효용 가치를 가진 노동력을 위주로 도움이 되는 이주민과 도움이 되지 않는 이주민으로 구분하는 거야. 이런 언론 내용을 접하다 보면 한국인들은 자연스럽게 이주민을 '사회에 득이 되면 받아들이고 경제적 쓸모가 없으면 내쳐도 되는 존재'로 인식하게 돼. 한 인간으로서가 아니라 효용성을 바탕으로 이주민을 판단하게 되는 거야.

스위스의 작가이자 철학자인 막스 프리슈는 서유럽으로 온 외국인 노동자 유입의 역사를 돌아보면서 "노동력을 불렀는데 사람들이 왔다"라고 말했어. 제2차 세계대전 이후 서유럽에서는 산업을 일으키기 위해 외국인 노동자를 적극적으로 받아들였지. 특히 독일에서는 1960~1970년대에 경제성장을 이루며 터키나 한국 등 비유럽 국가로부터 젊고 값싼 노동력을 대거 들여왔어. 처음에는 이들이 정해진 기간 동안 정해진 장소에서 맡겨진 역할만 하다가 떠날 것이라고 생각했지. 그러나 시간이 지나면서 이들이 가정을 꾸리고 정착하여 독일 사회에 영향을 미치기 시작했단다. 외국인 노동자를 손님으로 생각했지만, 사실은 사회에 영구히 정착하여 살 수 있는 사람들이었던 거야.

막스 프리슈의 말은 현재 한국 사회가 의미심장하게 되새겨 볼 만한 이야기야. 우리나라는 특히 저출산과 인구 고령화로 갈수록 노동력이 부족해질 전망이야. 이에 따라 앞으로 외국인 노동자들의 노동력이 더욱 필요해지고 그 숫자는 갈수록 늘어날 거야. 한국 사회에 정착해 살며 우리 사회의 일원이 될 가능성이 높지. 단순히 효용 가치로 판단할 이들이 아니라 사회의 구성원으로서 막대한 영향을 끼치게 될 사람들이라는 뜻이야. 이들을 어떤 방식으로 받아들이고 대하느냐에 따라 우리 사회의 모습이 바뀔 거야.

'함께 살아가는 존재'로 마주하다

미디어 속 콘텐츠가 다문화 수용성에 미치는 영향에 대한 연구가 이루어진 적이 있어. 다문화를 다루는 콘텐츠를 많이 시청할수록 다문화를 자연스럽게 받아들이는 경향이 높아진다는 흥미로운 결과가 나왔지. 여기서 특히 주목해야 할 점이 있어. 무겁거나 우울하고 슬픈 내용보다는 밝고 오락적 장치를 가진 포맷으로 다문화를 다루는 것이 오히려 도움이 된다는 사실이야. 다양한 국적을 가진 외국인들이 자연스럽게 대화를 나누는 방식의 〈어서와~ 한국은 처음이지〉나 〈비정상회담〉과 같은 프로그램이 대표적인 예라고 할 수 있어. 이 프로그램들에는 서양권뿐 아니라 아시아, 아프리카 등 다양한 국가에서 온 외국인이 자신의 문화에 대해 솔직하고 재미있는 이야기를 나누는 모습이 등장했어. 이런 모습을 보면서 시청자가 다문화를 자연스럽게 수용하게 된다는 연구 결과였지.

최근에는 유튜브나 팟캐스트, 이주민방송 등을 통해 이주민이나 다문화 가정의 구성원이 자신의 목소리를 내는 경우가 늘어나고 있어. 이런 미디어들 또한 우리가 이주민의 삶을 낯설지 않게 접하도록 도움을 주고 있단다.

진정한 다문화가 이루어지려면 이주민을 한국에 동화시키려고 하기보다 그들의 삶을 있는 그대로 인정하려는 자세가 가장 중요해. 그리고 이런 자세를 키우는 데 미디어의 힘이 무엇보다 중요하지. 이주민의 숫자가 늘어나고 있는 만큼 어떤 방식으로 이주민과 함께 살아갈 것인지 고민해 봐야 해. 미디어의 접근 방식에도 변화가 필요하겠지.

더
알아보기

용광로와 샐러드 볼, 다문화를 받아들이는 방식

여러 인종과 국적의 사람들이 모인 다문화 사회에서는 사회 구성원의 다양한 문화를 어떻게 받아들여야 할까? 문화적 다양성을 수용하는 방식에 관한 이론으로 용광로 이론과 샐러드 볼 이론이 있다.

용광로 이론은 철, 구리, 금 등 다양한 금속을 용광로에 넣으면 모두 녹아 하나가 되듯, 이주민들의 고유한 문화가 그 사회의 지배적인 문화 안에 녹아들어 변화를 일으키고 서로에게 영향을 주며 새로운 문화를 만들어 나가는 것을 뜻한다. 예를 들어, 중국에는 수많은 소수민족이 존재하지만 대다수인 한족 문화를 중심으로 소수민족 문화를 전체에 융화시키려는 정책을 쓴다. 이것이 용광로 이론의 대표적인 예이다.

반면, 샐러드 볼 이론은 국가라는 큰 그릇 안에 다양한 재료가 모여 맛을 내는 샐러드처럼 여러 민족의 문화가 한 사회 안에서 고유한 정체성을 잃지 않고 존재하며 새로운 문화를 만들어 가는 것을 뜻한다. 미국의 경우 이전까지는 용광로 이론에 따라 다양한 인종과 민족의 문화를 미국이라는 가치 안에 녹이려는 시도를 했다. 그러나 20세기 후반부터 샐러드 볼 이론이 힘을 얻기 시작했다. 다양한 문화를 가진 이들이 각자의 문화를 나름대로 지켜 나가면서 큰 틀 안에서 조화를 이루며 살아가는 것이 바람직하다는 의견이 우세해진 것이다.

4장
사는 동네가 달라도
함께 걷는 법

: 미디어로 본 빈부 격차 이야기

임대거지?
뉴스가 퍼뜨리는 말, 말, 말

뉴스가 하는 말이 우리에게 남기는 것

어느 순간부터 신문 기사와 뉴스에 '○○거지'라는 말이 떠돌기 시작했어. 초등학생들이 특정 아파트에 사는 아이들을 '○○거지'라고 부른다는 이야기였지. 뉴스에서는 이러한 현상의 원인으로 아이를 키우고 있는 기성세대의 차별 의식을 지적했어. 아파트 브랜드를 따지고, 주거 형태에 따라 임대주택과 분양주택을 가르며 이야기하는 어른들의 영향을 받은 아이들이 이런 말을 쓴다는 내용이었지. 경제적으로 사회가 양극화되는 시점에 아파트의 브랜드와 집값을 연결시키고, 거주민의 부(富)와 사회적 지위를 연결시키는 세상이 되었어. 중요한 것은 어른들의 사고방식과 행동을 배우면서 아이들 역시 경제적 기준에 민감해졌다는 거야. 아이들은 가난이라고 생각하는 이미지에 '거지'라는 말을 덧씌우기 시작했어. 주거 형태 때문에 친구에게 '가난하다'는 낙인을 붙이고 놀리는 현상이 뚜렷해졌지. 또 부모의 소득수준이 낮다고 생각하는 친구에게 '벌레'라는 뜻의 '충'을 붙여 '○○충'이라고 부르는 경우까지 생겼다는 소식도 뉴스를 통해 전해졌어.

언론에서 지적한 대로 이런 현상의 근본적인 원인은 기성세대의 잘못된 사고방식에 있어. 주거 형태나 아파트 브랜드, 소유 형태에 따라 경제력과 계층을 구분하는 말과 행동을 쉽게 내뱉는 데 문제가 있지. 아이들은 어른들의 이런 모습을 금세 배우곤 한단다. 한 지방자치단체에서는 소셜 믹스(Social Mix)라는 제도를 시행해 임대 모집으로 들어오는 세대와 일반 분양으로 들어오는 세대를 같은 단지에 배치하는 정책을 실시한 바 있어. 그런데 집을 분양받은 입주자 중 임대 세대에 사는 자녀와 자신의 자녀가 한 학교에 배정받는 것을 꺼리며 어린이집이나 학교 입학 등에 차별을 두거나, 아파트 공동 시설을 함께 쓰는 것을 기피하는 현상이 나타났지. 관리비나 시설 투자 비용 때문에 분양 세대와 임대 세대 사이에 이견이 생기는 일도 있었어. 본래는 함께 어우러져 살기 위한 취지의 제도였지만 도리어 입주민 사이에 갈등이 불거졌지.

언론이 쓰는 말에는 놀라운 힘이 있다

우리가 흔히 쓰는 말 중 '왕따'라는 단어가 있어. 이 말은 1990년대부터 집단 따돌림을 당하는 학생을 지칭하는 말로 널리 쓰이고 있지. 물론 이 말을 언론이 만들어 낸 것은 아니야. 일부 집단 따돌림 가해자가 피해자를 지칭할 때 쓰던 은어가 몇몇 언론을 통해 전해지기 시작한 것이지. 청소년이 쓰는 은어였던 '왕따당한다' '왕따시킨다'는 말은 이제 일상용어처럼 흔하게 사용되고 있어.

영어에도 집단 따돌림을 뜻하는 'Bully'라는 말이 있는데, '약자를 괴롭히는 사람, 약자를 괴롭히는 행동'이라는 뜻을 담고 있지. 미국에서 언론은 학교 폭력이나 집단 따돌림 사건이 있을 때 보통 'Bullying' 사건이 있었다고 말해. 언뜻 왕따라는 표현과 큰 차이가 없는 것 같지만 두 단어에는 엄연히 차이가 있어. 'Bullying'은 집단 따돌림을 하는 사람이나 행동에 초점을 맞추어 이를 부정적으로 이르는 표현이야. 반면 왕따는 집단 따돌림의 원인을 피해자에게 돌리고 있어. 더 정확히 말하면, 왕따는 애초에 가해자가 쓰는 언어에서 비롯된 것이기에 피해자의 미숙함이나 잘못에 초점을 두고 있는 것이지. '집단 따돌림 피해자는 모자란 구석이 있으니 괴롭혀도 된다'는 심리를 내포하게 된다는 거야.

물론 이 현상은 언론의 보도 이전에도 존재했어. 그러나 이 은어가 언론에서 대대적으로 쓰인 이후 집단 따돌림을 당하는 학생은 모두 왕따라고 불리게 되었어. 왕따라는 말 자체가 가해자보다 피해자에게 초점이 있다 보니 학교에서 집단 따돌림을 당하기 쉬운 약자에 해당하는 학생들은 2차 피해를 입는 측면도 있었단다.

언론에서 사용하는 용어들은 분명 사회현상이나 현실을 반영하고 있어. 왕따 역시 실제로 존재하는 집단 따돌림 현상을 반영하고 있지. 그러나 언론을 통해 소개되고 퍼지자, 이 말은 특정 현상의 초점을 피해자에게 맞추는 역할을 했어. 그리고 언론을 타고 세상에 더 널리 퍼지게 되었지.

언론은 여러 가지 현상을 반영하는 용어를 기사에 쓸 자유가 있어. 그런데 이때 주의해야 할 점은 대중의 관심을 끌기 위해 상대적으로 강도가 센 말을 선택하는 경향이 있다는 거야. 특히 인터넷 뉴스가 일상적으로 퍼지면서 사람들은 제목을 보고 기사를 선택하기 시작했어. 그렇다 보니 언론사에서는 호기심을 자극하는 언어를 제목에 써서 인터넷 조회 수를 올리는 경우가 늘었지. 언론들이 일부 정치인들의 막말, 차별이나 혐오를 담은 은어들을 따옴표 안에 넣어 그대로 받아 적는 이유야. 이렇게 혐오 표현을 따옴표에 넣은 제목으로 대중의 주목을 끌거나 현상을 그대로 적어 내리는 적나라한 기사가 쏟아지고 있지. 그렇다면 혐오 표현의 대체 용어나 해결 방안, 이에 담긴 오해를 바로잡는 기사도 필요하지 않을까?

미디어 속에 등장하는 표현은 혐오와 차별을 확산시키는 데 영향을 주었어. 이제 언론은 특정 인물이나 사회집단을 부정적으로 낙인찍는 용어를 무분별하게 사용하는 것은 삼갈 필요가 있어. 혐오 표현이 언론에서 아무렇지 않게 쓰인다면 대중은 이런 용어를 써도 된다는 사회적 합의가 이루어진 것처럼 느끼기 쉽거든. 대중 역시 언론의 기사 속에 있는 혐오 표현을 적절히 걸러서 수용할 필요가 있어. 언론에 나오는 용어들이 때로는 잘못된 것일 수 있음을 알고 비판적으로 받아들이는 태도를 가져야 하는 거야.

어떤 수저로 살고 있나요?

"넌 무슨 수저로 태어났어?"

이제 대한민국에서 이 말이 무슨 질문인지 알아듣지 못하는 사람은 거의 없을 거야. 2015년을 전후로 인터넷 커뮤니티를 중심으로 떠돌기 시작한 수저 계급론이 이제 일상용어처럼 쓰이고 있기 때문이지.

수저 계급론은 자산이나 수입 규모로 사람들의 계급을 금수저, 은수저, 흙수저 등으로 나누는 신개념 계급론을 말해. 거기에 보태 다이아수저, 동수저 등의 말까지 나오기 시작했지. 인터넷에는 자

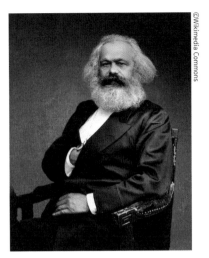

©Wikimedia Commons

계급이라는 개념을 정립한 칼 마르크스.

신이 어떤 수저에 해당하는지 알아볼 수 있는 수저 게임이나 수저 빙고가 등장하기도 했어.

수저 계급론은 원래 "은수저를 입에 물고 태어났다"는 유럽 속담에서 비롯된 이야기야. 과거 유럽에서 값비싼 은으로 만든 수저는 상류층에서만 쓸 수 있는 식기였기 때문에 이 속담은 부유한 집안에서 태어났다는 의미로 쓰였거든. 이

이야기가 21세기 한국으로 넘어와 '수저 계급론'으로 변모한 거야.

계급이라는 용어는 사회경제학자 칼 마르크스가 사용한 개념이야. 자본주의 사회에서는 경제적 자원을 얼마나 소유하였느냐에 따라 같은 지위를 가진 사람들의 집단을 나누는데, 마르크스는 이를 '계급'이라고 보았어. 토지나 공장, 기계 등의 생산수단을 가진 부유한 자본가(부르주아, Bourgeois) 계급과 생산수단을 갖지 못해 경제적으로 빈곤한 노동자(프롤레타리아, Proletarier) 계급이 자본주의 사회에 존재하는 두 계급이라고 했지. 또한 자본가 계급이 노동자 계급을 착취하고 지배함으로써 두 계급 사이에는 갈등이 나타난다고 지적했어.

금수저와 흙수저를 나누는 수저 계급론도 마르크스의 계급론과 비슷한 면이 있어. 한국 사회에 이미 존재하고 있으면서 점점 심해지는 빈부 격차와 양극화를 '수저'에 빗대어 이야기하고 있거든.

수저 계급론이 널리 퍼질 만큼 한국의 빈부 격차가 정말 심각해지고 있는 것일까? 세계불평등데이터베이스에 따르면, 한국에서는 지난 20년간 소득 상위 10%에 해당하는 사람들이 가져가는 소득이 35%에서 43.3%로 늘어났고, 소득이 가장 많은 1%에 해당하는 사람들이 가져가는 소득 집중도는 7.8%에서 12.2%로 늘어났어. 이전에 비해 소득이 높은 사람들이 더 많은 몫을 가지고 갔다고 해석할 수 있어.

우리나라는 1인당 국민소득이 3만 달러 수준에 이를 만큼 엄청난 경제적 발전을 이루었어. 그럼에도 불구하고 그동안 '가진 자'와 '가지지 못한 자' 사이의 격차는 심해졌다는 사실이 씁쓸하게 느껴지지.

계급이 다르면 '갑질'을 해도 괜찮을까?

수저 계급론을 시작으로 온라인 커뮤니티에는 갖가지 기준으로 나눈 '계급표'가 등장하기 시작했어. 거주 지역이나 소유한 부동산의

규모, 연봉액이나 가지고 있는 명품 브랜드로 계급을 나누기도 했지. 주거 형태에 따라 아이들이 서로의 계급을 나누고 차별하게 된 현상도 사실 이러한 계급표의 연장선에서 나왔을 거야.

현실을 반영하는 용어가 생겨나는 것은 어쩔 수 없는 일인지도 몰라. 그러나 자산이나 소득을 기준으로 계급을 나누고, 이를 기준으로 계급표의 아래쪽에 있는 사람을 차별하거나 혐오하는 분위기는 큰 문제로 볼 수 있지.

한국의 경우 특히 경제적, 물질적 기준으로 계급을 엄격히 나누고, 계급을 기준으로 어떤 사람을 평가하는 문화에 익숙한 편이야. 이런 문화는 급속하게 자본주의 사회로 편입하여 경제성장을 이룬 데서 나왔어. 경제적 기준 외에 철학적 사유나 정신적 자산을 평가의 기준으로 세우기에는 터무니없이 짧은 시간 동안 크나큰 경제적 부를 이루었기 때문이야. 게다가 경제성장 과정에서 상위 계층에 속하는 이들에게 많은 몫이 돌아갔기 때문에 사람들은 상위 계급이 되는 데에만 관심을 두고 살아왔어. 그렇다 보니 그 기준에 미치지 못하는 이들을 '실패한 사람' '노력하지 않은 사람'으로 취급하는 문화가 생겼지.

최근에는 경제적 기준이나 사회적 지위를 기준으로 하위 계층이라 여겨지는 사람들에게 '갑질'을 하는 일이 아무렇지 않게 벌어지고 있어. 경비원이나 택배 배달원에게 막말을 한 아파트 주민, 기업의 소유주라는 이유로 직원을 함부로 대하는 사람들의 이야기가 종종 들리지. 부를 숭배하고 가난을 혐오하는 단계까지 와 버린 문화가 많은 사람을 사회적 약자로 만들고, 갑질을 당연시하도록 만든 거야.

먼지 차별, 혹시 나도 차별주의자?

"아파트 30평대 정도는 살아야 하는 거 아니야?"

"여자라면 화장하고 다니는 게 예의지."

"흑인이니 운동 잘하지 않아?"

모두 사소한 이야기로 들리지만 듣는 이에게 불편함을 줄 수 있는 말이다. 이런 말 속에 숨어 있는 차별을 '먼지 차별(Microaggression)'이라고 한다. 먼지 차별은 '아주 작은(Micro)'과 '공격(Aggression)'을 뜻하는 영어 단어가 합쳐져 만들어진 용어이다. 우리 눈에 잘 띄지 않는 먼지처럼 미세하지만 도처에 깔려 있고, 치우지 않으면 쌓이는 차별을 뜻한다.

어떤 이는 먼지 차별을 매일같이 경험할 수 있지만, 그 말을 하는 사람은 자신이 차별하고 있다는 사실조차 깨닫지 못한다. 악의가 담겨 있지 않다고 해도 상대에게 모욕감을 줄 수 있는 아주 작은 행동 역시 먼지 차별에 해당한다. '여직원, 여류 작가, 여대생'과 같이 특정 성별을 나타내는 표현, 지방에서 태어나 자란 사람에게 왜 사투리를 고치지 않느냐고 묻는 행동, 상대방이 대학을 나왔는지 알 수 없음에도 무엇을 전공했는지 질문하는 것 등이 모두 먼지 차별에 해당한다.

그러나 먼지 차별의 말을 들은 사람이 이를 지적하면 자칫 예민한 사람으로 취급받을 수 있다. 그래서 오히려 해결이 쉽지 않다. 사소한 말이나 행동 속에 숨어 있는 먼지 차별이 무엇이며 왜 문제인지 알려 주는 다양한 캠페인과 교육이 필요하다.

가난한 사람은
왜 불쌍한 사람이 되었지?

가난이 언제부터 구경거리가 되었을까?

바싹 마른 몸과 커다란 눈망울의 아이들이 힘없는 모습으로 누더 기처럼 해진 옷을 입고 있어. 시청자의 동정심을 끌어내려고 그들 의 가난을 노골적으로 훑는 카메라의 시선이 이어지고.

개발도상국의 아동을 비추는 보도 제작물에서 흔히 볼 수 있는 장면이야. 이런 프로그램은 대체로 해외 아동을 돕기 위한 모금이 나 후원 모집을 목적으로 제작되는 방송이지. 좋은 의도에서 제작 된 프로그램이지만, 가끔 '가난'의 전형적인 모습을 보여주기 위해 부적절하게 촬영하는 경우가 있어. 모금을 위한 방송에서 개발도 상국에 사는 아이가 예쁜 옷을 입고 나타나니 방송국 측에서 허름

미디어에서 비롯된 개발도상국의 빈곤 이미지 예.

한 옷으로 갈아입으라고 요구한 사례도 있지. 또 에티오피아 시골
의 식수난을 촬영하러 갔다가 원하는 장면이 나오지 않자 가축이
이용하는 연못에서 아이가 물을 마시는 장면을 연출하려고 시도
했다는 이야기도 있어. 피부 질환을 앓는 아이가 상처에 붕대를 감
고 있자 더 노골적인 장면 촬영을 위해 붕대를 풀어 달라고 요구한
방송 연출가도 있지. 구호 개발 단체인 국제개발협력민간협의회는
이런 일을 방지하기 위해 미디어 가이드라인을 만들었어.

　가난한 사람들을 불쌍하게 비춰야 시청자의 마음이 움직이고,
덕분에 모금이나 후원이 더 활발히 이루어기 때문에 이러한 연출
은 큰 문제가 아니라고 생각할지도 몰라. 하지만 가난을 단순히 볼

거리로 취급하는 관행이 '개발도상국은 가난하고 불쌍한 나라'라는 편견을 계속해서 만든다는 위험성이 있어.

예를 들어, 아프리카의 우간다를 생각하면 우리 머릿속에는 어떤 이미지가 떠오를까? 배고픔에 지친 아이들이 힘없이 앉아 있는 모습일 수 있어. 만약 그렇다면 우리가 지금까지 우간다라는 나라를 '가난'의 이미지로만 접했기 때문일 거야.

사실 우간다는 풍부한 수자원과 천혜의 자연 자원을 보유하고 있어 '아프리카의 진주'로 불리지. 기름진 땅에서 나는 커피 생산량이 높은 나라이기도 해. GDP 기준 세계 99위의 개발도상국이지만, 생각보다 다양한 매력이 있단다. 그러나 우리는 국제 자선 캠페인 후원 광고 등만을 보고 우간다의 전체 모습을 파악해 버리지.

미디어에서 가난을 노골적으로 비추는 시선은 시청자로 하여금 개발도상국 국민을 '동정의 대상' '무기력한 국민'으로 여기도록 만들 수 있어. 또한 가난한 이들은 누군가의 도움을 받아야만 하는 수동적 존재라는 관념을 만들기도 해. 이런 관념은 우리나라에 살고 있는 개발도상국 출신 이주민에 대한 사회적 차별로 이어지기도 하지.

저소득층 아동은 나이키 신으면 안 될까?

미디어가 우리나라에 사는 저소득층의 삶을 다루는 방식도 개발도
상국의 모습을 비추는 시선과 비슷한 면이 있어. 깨끗하지 못한 주
거 환경, 인스턴트식품으로 끼니를 때우는 가족의 모습, 힘들고 우
울해 보이는 사람들의 표정을 슬픈 배경음악과 함께 카메라에 담
지. 이 역시 가난을 비추는 미디어의 전형적인 관점을 잘 보여 주는
장면이야.

'빈곤의 상품화'를 단적으로 보여 주는 사례도 있어. 한국 사회
의 빈부 격차를 그린 영화 〈기생충〉이 아카데미 시상식에서 4관왕
을 차지하고 주목을 받자, 서울시에서 영화 촬영지를 대표 투어 코
스로 개발하려고 했어. 관광지로 선정된 장소는 주로 언덕에 반지
하 빌라가 위치한 곳이었지. 빈곤의 실상을 관광 상품처럼 개발하
는 것은 현재 그곳에 살고 있는 사람들에게 잔인한 일이라는 비난
이 이어졌어. 서민의 생활이 구경거리가 되어 거주민에게 불편을
줄 수 있다는 반대 여론이 일었고.

빈곤을 구경거리로 만드는 행위는 왜 비난받는 것일까? 이는 저
소득층의 인권을 존중하지 않는다는 문제점을 가지고 있어. 뿐만
아니라 대중에게 '가난한 사람은 항상 어려운 모습을 보여 줘야 한
다'는 편견을 심기도 하지. 가끔 인터넷에서 가난에 대한 편견을 보

이는 글들을 발견할 수 있어. 보육원 신발장에 브랜드 신발이 놓여 있는 것을 보고 후원을 끊겠다고 말하는 사람, 기초생활수급자인 아이가 일식집에서 식사하는 것을 목격하고 항의한 사람, 자신이 낸 세금을 바탕으로 국가의 지원을 받으면서 왜 비싼 소비를 하느냐고 항의하는 사람도 있지.

실제로 근로 능력을 상실하거나 최저생계비 이하의 소득을 버는 이들에게 국가의 지원이 돌아가고 있어. 그러나 국가의 지원을 받는 저소득층도 자신이 원하는 것을 소비하고 지원금을 원하는 대로 사용할 자유가 있단다. 편견을 바탕으로 저소득층의 행동을 마음대로 재단하는 사람들의 시선에 문제가 있는 게 아닐까?

드라마가 저소득층 캐릭터를 평가하는 데 영향을 미치기도 해. 과거 한 시트콤에 가정형편이 어려운 아이가 등장한 적 있어. 이 캐릭터는 가난한 사람답지 않게 욕심을 부렸기 때문에 대중에게 인기가 없다는 의견이 있었지. 가난한 사람이 본인의 처지에 맞게 행동하고 그 정도만 욕심내는 것이 올바르다는 생각을 우리는 어떻게 받아들여야 할까?

'가난'에 대한 이미지가 만드는 혐오

많은 사람이 가난에 선입견을 가지고 있어. 은연중에 '가정형편이 어려운 경우 생존의 욕구를 충족시킬 정도의 소비만 할 수 있다'고 생각하는 거야. 그 이상의 욕구를 충족하려고 하면 분수에 맞지 않게 사치를 부린다고 판단하지. 이러한 편견 때문에 저소득층에게 엄격한 잣대를 들이대고, 이에 맞지 않으면 용납하지 못하는 거야.

이런 선입견과 잘못된 판단의 밑바탕에는 미디어의 영향도 있어. 드라마 속에 나오는 재벌의 모습만 보고 실제 재벌을 판단하는 것처럼 미디어 속 가난한 사람의 모습을 보고 저소득층을 판단하는 거지. 드라마 속에서 가난한 사람은 '능력은 없지만 따뜻한' 모습을 보이는 경우가 많아. 가난하지만 가족이나 이웃 간에 돈독하게 정을 유지하는 모습으로 표현되곤 하지. 때로는 우스꽝스럽게 저소득층의 모습을 보여 주는 경우도 있어. 이처럼 미디어에서 볼 수 있는 가난의 이미지는 단순하고 고정적이야. 사람들은 늘 보아 온 이미지를 기준으로 현실의 저소득층을 판단해. 만약 가난한 이들이 불쌍하거나 수동적인 모습이 아니라면 '가난한 모습에 적절하지 않다'고 판단하기 쉽지.

가난에 대한 고정관념과 편견은 가난 혐오로까지 이어지기도 해. 온라인 커뮤니티에서는 '가난한 사람은 아이를 낳지 말라' '흙수저로 태어났으면 주제를 알아라' 등의 이야기를 해. 흔히 이야기하는 소외 계층이나 흙수저는 타인의 도움이 필요하고, 타인의 도움이 없으면 가난을 벗어나기 힘든 계층을 의미하지. 대한민국 헌법에는 모든 국민이 평등한 권리를 가졌다고 규정되어 있어. 신분제가 없지. 그러나 이미 흙수저 또는 소외 계층으로 대변되는 사람은 자신의 권리를 마음껏 실현하기 어려운 계층으로 사람들 머릿속에 주입되고 있는 거야.

가난을 개인의 노력 탓으로만 돌릴 수 있을까?

우리는 각종 비리나 횡령, 갑질, 부도덕한 일을 저지른 부자에게 분노해. 하지만 그들을 욕하면서도 쉽게 혐오하고 배척하지는 못하지. 오히려 다수의 혐오나 배척은 가난한 사람에게 돌아가는 경우가 많아.

사실 가난의 원인은 사회구조의 문제이기도 해. 개인의 무능력이나 나태함이 가난을 불러오기도 하지만, 가난한 이들을 계속 가난하게 만드는 사회문제가 분명 존재하지. 가령 가난한 집안에서 태어나 교육이나 지원 등 신분 상승의 기회를 얻지 못한 사람은 그대로 저소득 계층에 머무는 경우가 많아.

미국의 심리학자 존 조스트 교수에 의하면 빈부 격차와 같은 문제가 발생할 때 사람들은 처음부터 구조적 문제로 접근하는 경우가 많지 않다고 해. 사실 가난이 '구조적 문제'라고 생각하면 이를 스스로 해결하기가 어려워지고, 무기력과 불안이 찾아오면서 해결에 대한 희망이 사라지거든. 그래서 사람들은 눈에 보이는 개인이나 구체적인 것들을 비난하여 불안을 피하려고 하지. 그래서 가난한 이들을 쉽게 탓하게 되고, 나와는 다른 혐오의 대상으로 바라보게 되는 거야.

뿐만 아니라 사람들은 세상이 공정한 법칙에 따라 돌아간다고 믿는 경향이 있다고 해. 통제할 수 없는 일이나 사고 등을 인정하면 불안하기 때문에 공정한 세상에 대한 믿음을 가지는 거야. '착하고 부지런하게 살면 행복해질 수 있다'는 생각도 같은 논리지. 이러한 믿음에 따르면 가난한 사람 같은 사회적 약자는 개인이 열심히 살지 않고 잘못했기 때문에 그 자리에 놓였다는 논리가 성립해. 부모가 아이에게 저소득층의 모습을 보여 주면서 '너도 열심히 하지 않으면 저런 모습이 된다'고 이야기하는 것은 이런 심리에서 비롯되었어.

혐오를 혐오로 깨닫는 한 걸음

가난 혐오를 벗어나는 방법이 있을까? 먼저, 가난의 한 가지 단면만 파악하는 시선을 바꿀 필요가 있어. 가난에 다양한 원인이 있을 수 있음을 인정하는 거야. 개인의 노력이나 능력뿐 아니라 사회의 구조, 교육의 차이, 취업난 등 여러 가지 복합적인 요인이 원인으로 작용할 수 있거든. 이처럼 다양한 원인을 파악해야 해결 방안을 살펴볼 수 있을 거야.

미디어가 보여 주는 전형적인 가난의 이미지를 비판적으로 살펴보는 태도도 필요해. 미디어는 대중의 시선을 끌기 위해 가난을 최대한 단순하고 자극적으로 비추는 경향이 있어. 그런 가난의 이미지는 어디까지나 한정된 모습일 뿐이야. 소득이 낮거나 자산이 적더라도 똑같은 욕구가 있고 행복을 추구할 권리가 있는 사람이라는 사실을 잊지 말아야 해.

미디어를 통해 비치는 가난의 이미지가 지나치게 단일한 모습이라는 점도 깨달을 필요가 있어. 지금까지의 고정적인 이미지 대신 다른 방식으로 개발도상국의 모습을 비출 수도 있어. 해외 광고 중에 우간다 여성 500명이 직접 출연해 자신의 꿈을 털어놓는 장면이 있었어. 이 광고에서 우간다 여성들은 "우리도 당신이 원하는 것과 같은 걸 원해요"라며 자신을 표현했어. 그들의 삶이 다른 나라 사람들의 모습과 크게 다르지 않다고 강조하면서 우간다라는 나라의 가능성을 강조한 것이지. 저소득층이나 개발도상국 국민도 다양한 성격이 존재하며, 자신이 원하는 바를 표현할 수 있다는 사실을 명심해야 해. 이런 점을 깨닫는 것만으로 가난에 대한 고정관념과 편견, 혐오를 벗어나는 데 큰 도움이 될 거야.

극빈자를 바라본 벤담과 멜서스의 냉정한 시선

18세기 후반 영국에서 시작된 산업혁명은 대량생산의 시대를 열었다. 풍요로운 시대가 열린 것 같았으나 영국 사회에는 농촌에서 도시로 올라온 빈곤층이 늘어나면서 사회문제가 되었다. 빈곤 문제를 해결하기 위해 당시 학자들은 어떤 의견을 내놓았을까?

빈곤 계층의 해결 방안을 제시한 대표적인 학자 중 한 명은 제러미 벤담이다. 벤담은 공리(公利)주의라는 철학·정치사상을 주장했던 인물이다. 공리주의란 최대 다수의 최대 행복을 이끄는 방향이 선하고 정의로운 것이라는 생각이다. 이에 의하면 어떤 행동의 도덕적 가치는 쾌락과 행복을 얼마나 늘어나게 했는지에 따라 수치로 계산할 수 있다. 많은 사람의 행복이 커지는 방향으로 행동을 선택해야 정의롭다는 의견이다.

벤담은 빈곤층에게 제공할 자금을 조달하는 구빈원을 세워 극빈자들을 관리하자고 주장했다. 거리에서 거지가 보이는 것은 두 가지 방식으로 사람들의 행복을 줄어들게 하기 때문이다. 정이 많은 사람에게는 동정심이라는 고통이 생기고, 정이 없는 사람에게는 혐오감이라는 고통이 생긴다. 결국 거지와 마주치면 일반적으로 사람들의 공리가 줄어들기 때문에 거

제러미 벤담(좌)과 토머스 맬서스(우).

지를 구빈원이라는 장소로 몰아넣자고 주장했다. 거지 역시 구걸할 때보다 구빈원에서 일할 때 더 많은 행복을 느낄 수 있을 것이라고 했다. 물론 구걸하는 것이 더 행복한 거지에게는 구빈원에 들어가는 것이 불행하겠지만, 거지를 길에서 보았을 때 사람들이 겪는 고통이 더 크기 때문에 결국 사회 전체적으로 보았을 때 구빈원이 더 나은 선택이라는 것이다. 쾌락이 고통을 넘어설 수 있도록 행복 수준을 높여야 한다는 공리주의의 원칙이 그대로 적용된 결과이다.

18~19세기의 경제학자 토머스 맬서스 역시 빈곤이라는 사회문제를 해결할 방안을 이야기했다. 그는 『인구론』에서 국가가 빈곤층을 도와주면 가난한 사람들이 출산을 많이 해서 인구문제가 심각해지고, 이는 식량문제로 연결된다고 보았다. 따라서 빈민 구제를 위한 지원액을 줄여야 인구를 억제할 수 있다는 것이 그의 주장이었다.

벤담과 맬서스가 빈곤을 해결하기 위해 내놓은 방안은 서로 다른 방식이었지만 한 가지 공통점이 있었다. 사회 전체의 이익만을 염두에 두고 빈곤 문제를 해결하려고 했다는 것이다. 빈곤층 역시 권리를 가진 사람임에도 사회 이익을 위해 사라지거나 격리해야 할 존재로 취급했다.

금수저 연예인 기사를
클릭하는 이유

저축왕보다 타고난 부자를 부러워하는 시대

인터넷에서 '대한민국 대표 금수저 연예인' '연예인 안 해도 되는 타고난 부자 연예인' 같은 제목의 기사를 볼 수 있을 거야. 사람들은 태어날 때부터 부유한 환경에서 자란 연예인이 누구인지 궁금해하며 기사를 읽고는 하지.

1990~2000년대 초반까지만 하더라도 타고난 부자 연예인보다 더 많은 화제를 모는 기사가 있었어. 매년 저축의 날에 금융위원회에서 저축을 많이 한 연예인에게 '저축왕'이라며 상을 주고 있거든. 연예인 저축왕은 고소득을 올렸다는 의미 외에도 성실하게 돈을 모은 사람이라는 이미지를 얻었어.

그런데 이제 사람들은 저축왕보다 타고난 금수저 연예인이 누구인지 궁금해해. 10여 년 만에 화제의 초점이 바뀐 이유는 무엇일까? 아마도 가장 큰 이유는 자산 증식의 수단이 바뀐 데 있을 거야. 저성장 시대에 은행 이자율이 낮아지면서 예금을 통해 자산을 모으는 방식이 더 이상 매력적이지 않게 되었어. 자연스럽게 저축에 대한 관심은 줄어들었지.

중요한 사실이 또 하나 있어. 부에 대한 우리 사회의 시선도 변했다는 거야. 저축왕이 화제가 되던 시대에는 자신의 능력과 노력으로 자산을 일구는 것에 대중의 관심이 많았어. 노력하면 부자가 될 수 있다는 믿음이 있던 시대였지. 그런데 요즘 사람들은 '타고난 부자'에 더 관심이 많아. 원래부터 부잣집 자녀로 태어난 금수저를 부러워하며 동경하게 된 것이지.

부의 대물림, 점점 당연한 것이 되고 있다

금수저를 동경하는 문화의 뒷면에는 부의 대물림 현상이 있어. 이전에는 저축이나 투자로 개인이 부를 이루는 것이 어느 정도 가능한 시대였다면, 이제는 부모로부터 물려받은 것이 많아야 부자가 된다는 인식이 널리 퍼져 있어. 이러한 인식은 과연 사실일까?

한 국회의원이 국세청 소득 자료를 토대로 조사한 결과, 2013~2015년 주식으로 배당소득(회사의 주식에 투자하고 투자금의 비율에 따라 분배받는 이익)을 받은 미성년자가 성인 투자자보다 평균 2832만 원을 더 번 것으로 나타났어. 이러한 결과는 소수의 미성년자가 성인 투자자보다 가치가 큰 주식을 소유하고 있는 것을 의미해. 이런 주식을 미성년자가 어떻게 가질 수 있었을까? 대부분 증여나 상속 없이는 어려운 일이야. 주식뿐만 아니라 부동산 시장에서도 비슷한 일이 벌어지고 있어. 국토교통부와 국세청의 조사 결과에 따르면, 미성년 자녀가 부모로부터 물려받은 땅과 주택이 최근 5년간 1조 원을 넘어선 것으로 나타났어.

2019년 국세청에서 조사한 결과 1억 원 이상 증여받은 사람이 5만여 명에 달한다고 해. 상속 재산도 증가하고 있어. 상속재산은 2015년(13조 2000억 원)에 비해 63.3%나 증가한 21조 5천억 원으로 나타났어. 상속이나 증여를 통한 부의 대물림이 증가하고 있다는 사실을 짐작할 수 있어.

우리나라는 1997년에 일어난 IMF 이후 중간층이 무너지고 양극화가 심화되면서부터 부의 대물림이 점차 중요한 사회문제로 떠올랐어. 노동을 통해 자산을 일구어도 금수저로 태어난 사람을 따라가기 어렵다는 인식이 널리 퍼졌지. 이제 부를 축적하는 것은 개인의 노력이 아니라 타고나야만 가능하다는 분위기가 당연해진 거야.

'플렉스'는 어떻게 유행어가 되었을까?

"플렉스(Flex) 해 버렸어."

아마 최근 SNS나 대중매체에서 이 말을 들어 봤을 거야. 플렉스는 '부나 귀중품을 과시하다'라는 뜻을 가지고 있어. 1990년대 미국 힙합 문화에서 나온 말로, 우리나라에서도 몇몇 래퍼가 사용한 이후 널리 쓰이게 되었지. SNS의 유행을 타고 한국의 10대와 20대 사이에서는 플렉스 문화가 소비 트렌드로 자리 잡았단다.

한 학생복 브랜드에서 청소년을 대상으로 조사한 결과, 명품을 구매한 적 있다고 답한 비율이 전체 응답자 중 54.6%인 것으로 나타났고, 이 중 26.2%는 친구나 유명인(연예인, 유튜버)의 영향을 받아 구매했다고 말했어. 한 컨설팅 회사에서 20대 고객의 신용카드 거래액을 분석했는데, 20대의 명품 구매 건수는 2년 전보다 약 7.5배 증가했다는 결과도 있었지. 1020세대의 명품 소비가 늘자 명품 브랜드들은 이들을 타깃으로 하여 제품 디자인이나 주력 상품을 바꾸기 시작했단다.

플렉스 소비는 어떻게 젊은 세대에게 인기를 얻게 되었을까? 전문가들은 경제적으로 불황기일 때 사람들이 나름의 가치 소비를 하는 분위기에서 플렉스 문화가 비롯된다고 분석했어. 어차피 부자가 되지 못할 바에야 즐기고 살자는 풍조가 널리 퍼지면서 플렉스 열

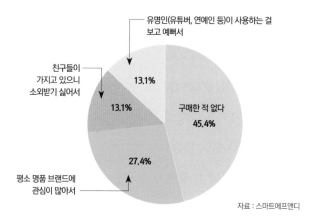

〈청소년의 명품 구매 이유〉

유명인(유튜버, 연예인 등)이 사용하는 걸
보고 예뻐서

13.1%

친구들이
가지고 있으니
소외받기 싫어서

13.1%

구매한 적 없다
45.4%

27.4%

평소 명품 브랜드에
관심이 많아서

자료 : 스마트에프앤디

풍이 불었다는 거지. 실제로 1020세대의 대다수는 '어차피 티끌 모
아 티끌'이라며 자신이 좋아하는 물건을 사는 데 열중하고 있어.

플렉스 열풍에는 SNS나 유튜브의 영향력도 무시할 수 없어. 사
람들은 명품을 구매한 인증사진을 SNS에 올리고, 유튜브에서는
명품을 수십 개씩 구매한 뒤 하나하나 박스를 풀며 설명하는 동영
상이 인기를 끌고 있어. 이 외에도 '상위 1%가 구입하는 차' '○○
브랜드 한국과 유럽 가격 비교' 등을 검색하면 수없이 많은 동영상
이 나와.

자신이 감당할 수 있는 소득 한도 내에서의 플렉스는 나쁘다고
할 수는 없어. 자신에게 주는 만족감이 비용보다 크다면 분명 합리
적인 소비지. 그러나 가끔 친구나 주변인을 의식해 플렉스 소비를

하는 경우에는 문제가 생길 수 있어. 세상에 비싼 물건은 많고 그것을 살 수 있는 부자도 많기 때문에 비교하자면 끝이 없거든. 플렉스 소비도 끝없이 이어질 수밖에 없는 거야. 결국 능력을 넘어서는 소비는 과소비를 부추겨 사회문제를 일으킬 가능성이 있단다.

이제 대중은 플렉스를 마음대로 즐길 수 있는 상위 1%의 삶에도 관심이 많아. 부자의 삶을 실제로는 체험하지 못하더라도 유튜브를 통해 간접 체험할 수 있는 시대가 되었기 때문이지. 부자가 사는 집이나 끌고 다니는 자동차, 소비하는 명품 등에 사람들의 관심이 쏠리면서 관련 동영상들이 유튜브에서 인기를 얻고 있단다.

이런 현상은 무엇을 말하고 있는 것일까? 사람들은 이제 부자를 동경하고 미디어에 노출된 부자의 모습에 부러움을 표현해. 플렉스와 관련된 동영상과 SNS 게시 글, 여기에 달린 댓글을 보면서 사람들은 부자로 사는 것이 제대로 사는 삶이자 올바른 삶이라는 의미를 덧씌우게 돼.

플렉스 열풍을 타고 부자는 점차 부러움과 동경의 대상, 가난한 사람은 동정이나 혐오의 대상이 되고 있어. 미디어의 시선은 이런 경향을 더욱 부추기고 있지. 심지어 부자가 아닌 사람들도 유튜브나 SNS를 통해 부자의 삶을 샅샅이 알 수 있어. 부자가 아니더라도 부자와 심리적 일치감을 느끼는 사람도 늘어나고 있어. 부자의 모습에 초점을 맞추는 만큼 가난한 사람의 모습은 전혀 다른 세계로 인식하면서 타자화되기도 해.

정당한 방법으로 부를 이룬 사람은 당연히 존경받을 만해. 자신이 번 돈으로 소비하는 것 역시 잘못된 일이 아니지. 그들의 풍요로운 삶을 동경하는 것은 문제 될 게 없어.

하지만 미디어가 보여 주는 부자의 소비나 가치관을 정답이라고 생각하는 풍조는 경계해야 해. 부자의 삶은 정답으로, 가난한 이의 삶은 오답으로 평가는 문제가 생기기도 하거든. 가난한 이의 모습을 잘못된 것, 무시해도 되는 것으로 여기게 되면 이것이 가난에 대한 차별과 혐오로 이어질 위험성도 있단다.

이런 면에서 부자를 동경하고 가난을 멸시하는 미디어의 풍조는 어느 정도 견제해야 할 필요가 있어. 노골적으로 부의 겉모습만을 과시하는 문화 속에서 우리는 점점 부자가 아닌 스스로의 모습과 가난에 처해 있는 이웃의 모습을 외면하고 멸시하고 있지는 않을까? 그런 분위기에서는 엄청난 부자가 아닌 이상 대부분의 사람은 행복을 느끼기 어려울 거야.

가난이 죄가 되지 않는 세상

'○○충' '○○거지'라는 말에서 이 이야기를 시작했어. 가난이 무시당하고 차별받을 이유가 되는 걸까? 타인에게 해를 끼치지 않았음에도 경제적 형편 때문에 차별의 벽에 놓여야 할까? 심지어 이 보이지 않는 '부의 계급' 속에서 저소득층이 아닌 사람까지 차별과 혐오의 말을 듣고 있어. 예외가 될 수 있는 사람은 많지 않아. 더 높은 소득과 자산을 지닌 계층이 나보다 더 위에 자리 잡고 있기 때문이야. 내가 계급표에서 어디에 위치해 있는지를 따지기보다는 계급 문화 자체의 문제점을 따져 봐야 할 시점이야.

가난이 죄라고 여기는 잘못된 사고방식에는 여러 가지 원인이 있어. 하지만 우리 주변의 미디어들이 가난을 어떤 방식으로 전달하고 있는지, 부의 불평등한 분배를 어떤 방식으로 이야기하고 있는지 잘 살펴봐야 해. 가난한 사람을 왜곡된 시선으로 그리거나 부의 분배에 따른 차별 현상을 적나라하게 전달하고 있는 언론의 보도를 그대로 믿을 필요는 없어. 똑같은 사회현상을 전달하더라도 어떤 방식으로 전달하느냐는 언론이 선택할 수 있거든. 가난을 둘러싼 부당한 시선을 전달하는 언론이나 미디어의 행태를 걸러서 받아들일 필요가 있단다.

왜 명품은 비싸도 사랑받을까?

'프리미엄' '명품'이라는 이름이 붙은 제품들이 사랑받는다. 왜 그럴까? 이런 현상을 19세기의 경제학자 소스타인 베블런은 『유한계급론』에서 과시 소비라고 설명했다. 소득이 많은 상위 계층의 사람들은 자신의 부를 과시하고 돋보이기 위해 고가의 제품을 선호한다는 것이다. 이 때문에 과시 소비의 대상이 되는 고가의 자동차나 명품 잡화, 의류 등에는 특이한 효과가 나타난다. 대체로 가격이 높아질수록 수요가 줄어드는 다른 상품과 달리 과시 소비의 대상이 되는 상품은 가격이 높아져도 수요가 줄지 않거나 오히려 늘어나는 효과가 나타나는 것이다. 이 효과를 베블런의 이름을 따서 '베블런 효과'라고 부른다. 어떤 명품 브랜드는 우리나라에서 1년에 가격을 서너 차례 올렸음에도 그 인기가 줄어들지 않았다. 베블런 효과가 나타난 대표적인 예라고 할 수 있다.

상위 계층만 명품을 사랑하는 것은 아니다. 자신의 소득 수준에 변화가 없어도 주변의 높은 소비 생활에 영향을 받아 고가의 제품을 선호하게 되는 경우도 있다. 미국의 경제학자 제임스 듀젠베리는 이를 '전시 효과'라는 말로 설명했다. 사람들은 주위에 소비 수준이 높은 사람이 있거나 사회의 분위기가 그러하면 자신의 소비 수준도 높인다는 것이다. 주변 사람의 영향을 받아 명품을 소비하게 되는 일이 그 예다. 최근의 플렉스 열풍도 이를 반영한 것이라 할 수 있다. 선진국에 인접해 있거나 영향을 많이 받는 개발도상국의 소비 수준이 높아지는 것 역시 그 예라 할 수 있다. 그러나 개발도상국의 경우에는 전시 효과 때문에 소비 수준이 높아지고 저축률이 떨어져 사회문제가 될 수도 있다.

5장
인종이 아니라
인류를 바라볼 것

: 미디어로 본 인종차별 이야기

'흑형'이라는 말이
왜 문제가 될까?

흑인 분장을 하던 개그맨

1980년대 개그 프로그램에서 얼굴과 몸을 까맣게 칠하고 나온 개그맨들이 춤과 노래를 선보이며 웃음을 주는 코너가 있었어. 엄청난 인기를 끌었던 이 코너는 1988년 TV에서 돌연 사라졌지. 그해 우리나라에서 올림픽이 열렸는데, 수많은 외국인이 한국을 주목하던 당시 흑인을 비하하는 소재의 개그 프로그램은 내보내지 않는 것이 낫겠다는 정부의 지침에 따라 폐지된 거야.

생각해 보면 몇 년 전까지만 해도 비슷한 개그 코너들이 있었어. 초원 지대에 사는 아프리카 부족의 모습을 희화화하여 개그 소재로 삼거나 사람들을 웃기기 위해 흑인으로 분장한 연예인의 모습을 TV에서 종종 볼 수 있었지. 그런데 생각해 보면 개그 소재로 백인 분장이 쓰인 적은 거의 없어. 이상하게도 웃음의 소재로 쓰인 것은 주로 흑인 분장이었어.

피부색 자체에 웃음을 유발하는 요소가 있는 것일까? 그렇지 않아. 백인, 흑인, 동양인의 피부색 자체에는 '웃기다' '재미있다'는 가치가 포함되어 있지 않거든. 다만 사람들이 특정 피부색과 인종에 대한 고정관념을 가지고 있고, 그것이 '우습다'는 편견과 맞물려 개그의 소재가 된 것뿐이야. 우리는 왜 흑인에게 그런 편견을 덧씌운 것일까?

특정 인종에 대한 고정관념과 편견

인간에게는 낯선 사람을 접했을 때 그가 어떤 부류인지 먼저 파악하려는 심리가 있어. 성(性), 인종, 출신 지역, 직업, 성격 등으로 그 사람을 분류하고 파악하면 상대방을 보다 간편하게 이해하고 그의 행동을 예측할 수 있기 때문이야. 이런 고정관념이 부정적인 방향으로 나아간다면 편견이 돼. 편견을 바탕으로 상대방에게 불이익을 주거나 차별하는 경우도 생기지.

고정관념과 편견, 차별은 주로 사회의 주류가 아닌 비주류 쪽에게 더욱 심해지는 특성이 있어. 근대 이후의 세계는 미국이나 유럽 등 서양의 백인 중심으로 흘러왔어. 서양중심주의는 생각보다 우리 인식 속에 깊이 침투해 있어. 흔히 세계를 서양과 동양으로 나누기도 해. 그런데 아시아, 아프리카, 아메리카, 유럽 등 엄연히 대륙으로 구분할 수 있는데 굳이 서양과 동양으로 나누는 이유는 무엇일까? 이 기준은 서양이 스스로를 기준으로 하여 세상을 가른 것에 불과해. 서양 백인 사회는 보다 우월한 사회이며 주류이고, 동양은 그에 비해서 열등한 사회라는 시각이 담겨 있지. 이런 시각으로 보면 아시아나 아프리카 등은 철저한 비주류에 속해.

학교에서 세계사 배운 적이 있지? 교과서의 주요 내용을 살펴보면 중국 역사와 유럽 역사를 위주로 구성되어 있다는 사실을 깨닫게 돼. 이 역시 유럽이 세계의 주류로 올라서고, 그들의 학문과 역사가 전 세계적으로 주류가 되면서 일어난 결과야. 남미 원주민의 역사나 인도, 이슬람 국가 등의 역사는 주변부로 취급되고 있지.

일찍이 백인 중심의 서양 사회는 신항로 개척 이후부터 식민지를 늘리고 아프리카와 남미에서 각종 자원과 노예를 데려오는 데 주력했어. 또한 '우등한 유럽인은 열등한 타 인종과 문화를 지배해도 괜찮다'는 생각으로 식민 지배를 정당화했지. 아시아인도 마찬가지였지만 특히 아프리카의 수많은 원주민이 아메리카와 유럽에 노예로 끌려갔어. 남북전쟁을 통해 공식적으로 노예제도가 사라진 이후에도 아프리카계 미국인은 오랫동안 서양 사회에서 열등한 존재로 취급받으며 착취당했지.

현재는 아프리카계 미국인에 대한 차별이 줄어들기는 했으나, 불과 1950년대까지만 해도 미국에는 버스나 기차 등에 백인과 흑인의 전용칸이 따로 있었어. 1955년 로자 파크스라는 여성이 버스의 흑인 전용칸이 만석이라 백인 전용칸에 앉았지. 흑인 전용칸에 가기를 거부한 그녀는 결국 경찰에 체포되었어. 이 사건을 계기로 흑인들이 승차 거부를 시작했고, 흑인 민권 운동이 시작되었어.

1964년과 1965년의 법 개정으로 드디어 인종차별을 금지하는 민권법이 제정되고, 흑인의 자유로운 투표를 보장하는 투표법도

버스의 백인 전용칸에 앉아 있다가 경찰에게 체포되는 로자 파크스.

통과되면서 흑인에게 존재했던 사회적 장벽이 많이 허물어졌어. 그럼에도 불구하고 흑인에 대한 차별이 미국에서 완전히 사라진 것은 아니야. 오늘날에도 인종차별이 미국 사회에 존재하고 있어. 2020년 아프리카계 미국인 조지 플루이드가 식당에서 위조지폐를 사용했다고 오해받아 경찰에게 체포되던 중 질식사한 사건이 벌어졌어. 이 사건은 '흑인의 목숨도 소중하다'는 구호 아래 대대적인 흑인 인권 운동이 벌어지는 계기가 되었지.

웃기려고 한 이야기가 상처로

흑인에 대한 고정관념이 미국이나 유럽 등 서양권에만 있는 것은 아니야. 광복 이후 서양 문화의 영향을 많이 받은 우리나라에도 비슷한 고정관념과 편견이 자리 잡고 있어. 이러한 고정관념과 편견에서 비롯된 말은 의도와는 다르게 차별이 될 수 있지.

'흑형'이라는 말도 비슷한 맥락에서 인종차별이 될 수 있어. 어떤 이들은 비하의 의미로 쓰인 단어가 아니라 긍정적이고 친근한 의미에서 비롯된 것이라고 해명하기도 해. '몸집이 크고 운동 잘하며 음악이나 랩 잘하는 흑인 이미지'에서 나온 말이니 나쁜 의미가 아니라고 하는 사람도 있어. 그러나 자세히 들여다보면 이런 말들은 흑인에 대한 고정관념을 담고 있어. 모든 흑인이 몸집이 크거나 운동을 잘하고 음악이나 랩에 재능이 있을까? 긍정적인 고정관념에 의해 생긴 말 역시 개인의 특성을 존중하지 않기는 마찬가지야. 해당 분류에 속하는 사회집단을 모두 한 가지 특성에 몰아넣고, 당사자에게 불편한 감정과 불쾌함을 느끼게 할 수 있거든.

만약 다른 인종의 사람이 우리에게 눈 찢는 행동을 취하며 놀린다면 어떤 기분이 들까? 이런 행동에는 '동양인은 눈이 작고 가늘다'는 특성 안에 우리를 가두고 우스갯거리로 삼아 차별하는 인식이 깔려 있어. 긍정적인 특성에 초점을 맞추는 경우도 마찬가지야. 만약 '동양인이니 수학과 게임을 잘하겠다'는 이야기를 듣는다면

미국에서 'Black Lives Matter'라는 구호 아래 흑인 인권 시위를 하는 모습.

어떤 느낌이 들까? 우리가 속한 집단 전체의 속성을 마음대로 판단한 다음 나를 그 안에 억지로 집어넣는 것은 기분 좋은 일은 아닐 거야. 이처럼 한 인종에 대한 고정관념은 그것이 긍정적이든 부정적이든 차별이 될 수 있어.

흑인 분장을 개그 소재로 삼는 데에는 '흑인은 다른 인종에 비해 열등하거나 미개하다'는 편견이 밑바탕에 깔려 있는 셈이야. 미디어에서 흑인 분장을 유머 소재로 쓰는 것은 이 같은 편견을 널리 퍼뜨리고 정당화시킬 수 있기에 지금은 대부분 사라졌어. TV뿐 아니라 SNS나 유튜브 등에서 특정 인종을 소재로 삼아 웃음을 유발하려고 하는 것 역시 인종차별 문제로 불거져 최근에는 많이 줄어들었지. 심지어 우리가 전혀 나쁜 의도 없이 흑인 이야기를 유머의 소재로 삼더라도 당사자에게는 상처가 될 수 있어. 재미있다고 생각해 전파를 탄 개그 프로그램이나 우리가 무심코 쓰는 말들이 누군가에게는 상처를 줄 수도 있단다. 미디어뿐 아니라 일상생활에서 우리가 인종차별에 주의해야 하는 이유야.

코로나19, 새로운 차별과 혐오를 불러오다

2019년 말 중국의 우한에서 퍼지기 시작한 코로나19 바이러스는 짧은 기간에 전 세계로 퍼지며 영향을 미쳤다. 코로나19가 중국에서 시작되었다는 이유로 미국, 유럽 등 일부 국가에서는 아시아인에 대한 인종차별 행위가 증가한 것으로 나타났다. 2020년 7월 아시아퍼시픽 정책기획위원회 등의 인권 단체에서 조사한 결과, 코로나19가 본격적으로 퍼진 이후 미국에서 아시아계 사람에 대한 인종차별 범죄 신고가 무려 2,000건이 넘게 발생한 것으로 드러났다. 아시아계 미국인은 마을을 떠나라는 협박 편지를 받거나 무차별적 폭언과 폭력을 당하기도 했다. 캐나다, 호주, 유럽 등에서도 아시아인에 대한 인종차별적 혐오 행위가 증가하여 각국에 주재하는 대사관에서는 재외국민에게 주의하라는 당부를 했다.

역사적으로 전염병의 대유행 시 특정 인종에 대한 차별은 항상 존재했다. 중세에 페스트가 퍼지기 시작할 때에는 유태인에 대한 혐오와 차별이 팽배했다. 질병의 위협이 생기면 특정 기준으로 사회집단을 가르는 일이 일어난다. 낯선 사람이나 외부인에 대한 공포가 사람들의 마음속에 생기기 때문이다. 대중은 다른 문화적 배경을 가진 사람들을 위협의 원인으로 돌리고 공포를 전가하는데, 이 과정에서 특정 집단에 대한 차별과 혐오가 만연하는 것이다.

코로나19로 인한 새로운 인종차별을 막기 위한 움직임도 나타났다. 아시아계 소비자 대상 마케팅으로 유명한 미국의 한 광고 회사와 직장 내 성폭력 퇴치 단체 등은 피해자가 침묵하지 않도록 돕고 혐오 범죄의 심각성을 알리기 위해 인종차별 맵을 만들었다. 서양에 거주 중인 동양인은 SNS에 차별을 당한 경험을 글로 적으며 '나는 바이러스가 아닙니다'라는 해시태그 캠페인을 벌이기도 했다.

문화에도
우열이 있나요?

프랑스 배우, 한국을 비난하다

2001년 우리나라의 라디오 방송에서 프랑스 배우 브리지트 바르
도와 전화로 대담한 일이 있어. 그녀는 이날 "개고기를 먹는 한국
인은 야만인이다"라고 주장했단다. 진행자가 "프랑스인도 개고기
를 먹는 사람이 있다는데 알고 있느냐"고 묻자, 그 말은 명백한 거
짓말이며 그런 거짓말을 하는 한국인과 더 이상 이야기할 수 없다
며 일방적으로 전화를 끊어 버렸지.

오래전부터 브리지트 바르도는 미디어를 통해서 개를 먹는 한
국인을 야만인으로 취급하는 발언을 해 왔어. 한국의 개고기 식용
문화에 대해 항의 편지를 보낸 적도 있었어. 우리나라의 개고기 식

용 문화를 야만 행위로 보는 시선은 정당한 것일까? 한국은 과거에 체력이 많이 필요한 농경 문화를 근간으로 살았어. 그런데 농사에서 중요한 소를 함부로 잡아먹을 수는 없었지. 농번기인 무더운 여름에 단백질을 보충해야 했지만, 먹을 수 있는 육류가 부족했기 때문에 단백질 보충원으로 닭이나 개를 잡아먹는 문화가 발달했어.

문화인류학자 마빈 해리스에 따르면, 유럽인이 개를 먹지 않았던 것은 애완동물이라서가 아니라고 해. 그들은 이미 소, 양, 돼지 같은 동물성 식품이 충분하게 공급되어 굳이 개를 먹을 필요가 없었다는 거야. 우리나라와 유럽은 다른 환경에 놓여 있었기에 식문화도 다르게 발달했지. 실제로 프랑스에서도 1870년 프러시아군과의 전쟁에서 먹거리가 부족해지자 개고기를 파는 가게가 존재했다는 이야기도 있어. 그럼에도 불구하고 브리지트 바르도는 개고기를 먹는 우리의 문화를 무조건 야만 행위라고 폄하한 거야.

이처럼 자신의 문화를 우월한 것으로 여기면서 다른 나라의 문화를 수준이 낮거나 미개하다고 판단하는 태도를 자문화 중심주의라고 불러. 과거 중국이 자신의 문화를 최고로 여기고 다른 문화는 그보다 아래에 있다고 여기던 중화사상이 그렇고, 근대 유럽 강대국들이 식민지의 문화를 미개한 것으로 보고 자신의 문화를 식민지에 이식하려 했던 태도 역시 자문화 중심주의의 예라고 볼 수 있어. 이렇게 자문화 중심주의는 다른 문화권 사람들에게 자신의 문화를 받아들이라고 강요하는 문화제국주의로 연결될 수도 있어. 일제 강점기 때 일본은 조선인에게 일본어를 쓰라고 강요하고, 이름도 일본식으로 바꾸도록 강요했어. 이 역시 일본의 문화가 한국의 문화보다 앞선 것이라는 자문화 중심주의에서 비롯된 일이야. 자문화 중심주의는 자신의 문화를 강요하고 타문화를 멸시하고 제거하려는 시도로 이어질 수 있단다.

자문화 중심주의는 자국 문화에 대한 자부심을 높여 주고, 같은 문화를 가진 사람들 사이에 유대감을 키울 수 있다는 장점이 있어. 하지만 판단의 절대적 기준이 자국 문화에 있기 때문에 많은 부작용을 불러일으킬 수도 있어. 특히 전 세계의 문화 교류가 활발한 오늘날에는 자문화 중심주의가 다른 문화권 사람들과 쉽게 부딪힐 수 있다는 위험성을 가져. 무엇보다 다른 사회의 문화나 사람들을 차별하고 혐오하는 데 큰 영향을 끼칠 수 있단다. 우리나라에서도 온라인에서 특정 비하 용어를 사용하며 다른 국가 사람을 모욕하거나 조롱하는 네티즌이 있어. 이것은 서로가 서로의 문화나 인종이 가진 고유성을 인정하지 못하기 때문에 벌어진 일로, 결국 심각한 국가 갈등으로 이어지기 쉽지. 다른 나라의 문화를 받아들일 수 있는 개방성이 떨어져서 국수주의로 흐르기 쉽다는 것도 문제점 중 하나야. 이 경우 다른 문화의 장점을 받아들이지 못하고 뒤쳐질 수 있다는 단점도 있어.

신축 아파트는 왜 영어 이름을 쓸까?

TV나 유튜브에서 우리나라 대중가요를 듣다 보면 가사 중 영어로 된 표현이 상당히 많다는 것을 알 수 있어. 물론 한국어로 대체할 수 없는 외래어나 한글로는 느낌을 충분히 나타낼 수 없는 경우도 있어. 하지만 한국어로 표현이 가능한데도 불필요하게 영어 가사를 집어넣는 경우도 있지. 대중 역시 영어 표현이 더 우월하고 세련된 것이라는 생각에 영어로 된 가사를 선호하는 경우도 많아.

대중가요의 가사뿐 아니라 방송 자막이나 온라인 뉴스 기사의 제목에서도 미국이나 유럽 문화를 좋은 것, 고급스러운 것으로 단정 짓는 표현을 찾아볼 수 있어. '고급스러운 유럽풍' '세련된 뉴욕의 분위기' 등의 표현에는 미국이나 유럽 문화가 고급스럽고 세련된 것이라는 선입견이 깔려 있는 거야. 이런 생각은 문화 사대주의적 태도와 관련이 있지.

문화 사대주의는 다른 나라의 문화를 우수한 것으로 여기며 숭상하고, 자신의 문화를 그에 비해 열등하다고 여기는 태도를 말해. 예를 들어, 최근에 새로 지어지는 아파트의 경우 이름을 영어로 짓는 일이 많아. 뿐만 아니라 경로당을 'Seniors Club'이라고 이름 붙이고, 경비실을 'Sevice Center'라고 표기하는 등 아파트 부속 시설에도 영어 간판을 붙이는 경우가 있어. 번화가에 자리 잡은 식당이나 카페 간판도 마찬가지로 영어로 된 이름을 더 선호하는 경향이 있지. 이러한 현상의 밑바닥에는 영어가 한글보다 세련되고 고급스러운 이미지를 풍긴다는 편견이 자리 잡고 있어. 이처럼 문화 사대주의는 타문화를 보다 좋은 것으로 여기고 우리 문화를 그보다 못한 것으로 생각하는 태도야.

타문화의 장점을 받아들일 때에는 간혹 문화 사대주의가 도움이 되기도 하지만, 자신의 문화를 무시하거나 차별할 가능성이 커져. 또한 다른 사회의 문화를 맹목적으로 받아들이게 되면 그 사회의 문화를 올바르게 판단하지 못하고 그저 외국 것이 최고라는 생각을 가질 수 있어. 그러면 자국 문화의 정체성이나 자부심을 느끼지 못해서 나라의 고유한 문화를 유지하지 못할 가능성이 높단다. 문화 사대주의 역시 자문화 중심주의와 마찬가지로 한 사회의 문화를 절대적인 기준으로 생각한다는 점에서 문화 절대주의의 특성을 지녀.

신발 신고 실내에서 생활하는 미드 주인공

어느 날 온라인 커뮤니티에 재미있는 질문이 올라왔어. 한창 유행하는 미국 드라마 속 주인공들이 신발을 벗지 않고 실내에 들어가는 장면이 이상하게 보인다는 내용이었어. 실내 환경에 비위생적이고 발 건강에도 좋지 않은데 왜 그런 문화가 발달했느냐는 질문이었지.

여러 답변이 달렸어. 미국에서도 신발을 벗고 실내에서 생활하는 경우가 많다는 답변도 있었어. 다른 서양 국가의 경우 대체로 신발을 벗고 실내에 들어간다는 이야기도 전해졌지. 또 미국인이 실내에서 신발 신는 이유를 설명하는 글도 있었단다. 서양의 집은 벽난로나 스팀으로 난방을 하기 때문에 차가운 바닥에 카펫 등을 깔고 신발 신는 문화가 생겼다고 해. 또한 침실과 거실이 구분되지 않아 신발을 신고 돌아다니다가 구석에 위치한 침대에서 자는 문화

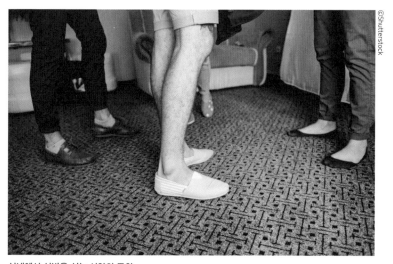

©Shutterstock

실내에서 신발을 신는 서양의 문화.

가 발달했다는 거야.

반면 한국에서는 고대부터 온돌로 난방하는 기술이 발달했기 때문에 따뜻한 바닥에 신체를 밀착해서 열을 전달받아야 했어. 이 때문에 실내에서는 맨발로 생활하는 문화가 발달한 거야. 실내에서 신발을 신는 미국의 문화도, 신지 않는 한국의 문화도 모두 나름의 이유가 있었던 것이지. 다른 사회의 문화에 대해 가치판단을 내리기 전에 그 사회의 역사나 자연환경 등의 맥락을 고려할 필요가 있음을 보여 주는 사례야.

자문화 중심주의와 문화 사대주의는 모두 특정 문화를 우월한 것이라 생각하고 다른 문화를 그보다 열등한 것으로 생각하는 문제점이 있어. 한 사회의 문화를 절대적인 기준으로 두고 다른 문화를 판단하는 태도는 위험성을 내포하고 있어. 가령, 티베트에는 조장(鳥葬)이라는 풍습이 있어. 사람이 죽으면 그 시신을 들판에 내다 놓아 새들이 쪼아 먹게 하는 장례 문화야. 다른 문화권의 사람들은 이 풍습을 잔인하다고 생각할 수도 있어. 그러나 조장 문화가 형성된 데에는 나름의 이유가 있지. 추운 기후와 험준한 지형의 히말라야 산지에서는 시신을 땅에 매장하기가 어려워. 또 티베트인은 시신으로 배를 채운 새가 하늘을 날면 죽은 사람의 영혼이 하늘을 향한다는 세계관을 가지고 있단다.

모든 사회의 문화는 그 사회가 가진 자연환경과 역사적 맥락 속에서 형성되었고, 이 때문에 그 나름의 특성과 가치를 지니고 있다는 점을 잊지 말아야 해. 이처럼 각 사회의 문화를 인정하고, 함부로 우열을 가리지 않는 태도가 문화 상대주의야.

4차 산업혁명으로 전 세계에서 온라인을 통해 쉽게 다른 나라의 문화를 접할 수 있어. 문화 상대주의 역시 점차 중요시되고 있지. 다른 국가의 네티즌을 쉽게 만날 수 있는 요즘, 각 사회의 문화를 존중하지 않는 태도는 큰 갈등을 불러올 수밖에 없으니까 말이야. 외국의 문화를 비난하기 전에 그 문화가 왜 생겼는지 원인과 맥락을 살펴보는 자세가 필요하단다.

극단적 문화 상대주의의 위험성

2016년 파키스탄의 모델이자 SNS 스타였던 찬딜 발로치라는 여성이 자택에서 숨졌다. 발로치는 평소 SNS를 통해 여성차별에 반대하는 목소리를 낸 파키스탄의 대표적인 유명인이었다. 그녀가 죽은 이유는 충격적이었다. 그녀의 오빠가 발로치의 행동을 두고 '가족의 명예를 더럽혔다'는 이유로 살해한 것이다.

이슬람에는 명예살인이라는 풍습이 있다. 가족이나 부족, 공동체의 명예를 더럽혔다는 이유로 조직의 구성원이 여성을 살인하는 행위를 말한다. 명예살인을 당하는 원인은 다양하다. 2013년에는 예맨의 15세 소녀가 약혼자와 전화했다는 이유로 아버지에게 살해당하기도 했다. 한 해에 5,000명이 넘는 사람이 명예살인으로 죽고 있음에도 불구하고 대부분의 이슬람 국가에서는 살인자에 대한 처벌이 무척 약한 편이다.

이슬람의 일부 국가에서 행해지는 명예살인 역시 문화 상대주의로 용인될 수 있을까? 그렇지 않다. 인권을 가볍게 여기거나 개인의 존엄성을 어기는 행위까지 인정받을 수는 없다. 어떤 사회의 문화가 인간의 존엄성이나 생명 존중 사상 등 인류 보편적 가치를 무시함에도 불구하고 해당 문화를 인정하는 경우, 이를 극단적 문화 상대주의라고 한다. 식인 풍습이나 여성 할례 같은 문화는 생명과 인권을 존중하지 않는 행위이다. 아무리 각 사회의 문화가 존중받아야 한다지만 인권을 파괴하고 생명의 존엄성을 무시하는 행위까지 문화로 존중하기는 어렵다.

디즈니가 선택한
흑인 인어공주

동영상 스트리밍 서비스에서 사라진 영화

1930년대에 제작되어 지금까지도 명작으로 꼽히는 할리우드의 대표적인 고전영화 〈바람과 함께 사라지다〉가 2020년 미국의 동영상 스트리밍 서비스 HBO에서 퇴출되는 일이 벌어졌어. 1940년 12회 아카데미상에서 8개 부문을 휩쓸며 작품성과 흥행성을 모두 잡은 영화가 어째서 온라인 동영상 서비스에서 사라지게 되었을까?

그 뒷배경에는 '인종차별'이라는 이슈가 자리하고 있어. 이 영화는 미국 남북전쟁 전후의 남부 애틀랜타 목화 농장을 배경으로 하고 있어. 주인공들은 플랜테이션 농장을 운영하는 백인이야. 흑인은 주로 백인이 부리는 노예이고, 영화에 등장하는 흑인은 노예제도에 순응하고 행복해하는 모습을 보여 주는 장면도 담겨 있어. 최근 들어 이 작품은 남북전쟁 이전 남부의 노예제도를 미화하고 그 잔혹성과 인권침해를 무시했다는 비판이 나오고 있었지.

영화 〈바람과 함께 사라지다〉의 한 장면.

이런 비판 때문에 HBO는 보유 콘텐츠 목록에서 이 영화를 삭제한 거야. 또한 당시 미국 사회의 윤리적, 인종적 편견이 일부 묘사되었음을 인정했단다. 뿐만 아니라 영화에서 묘사하는 미국 사회의 모습이 당시의 사회적 분위기였다 하더라도 인종차별적인 편견은 잘못된 것이라고 지적했어.

미국에서 인종차별이 큰 이슈가 되면서 〈바람과 함께 사라지다〉 뿐만 아니라 노예제도 관련 상징물도 사라지는 중이야. 미국 대륙을 발견한 인물로 역사에 이름을 남긴 크리스토퍼 콜럼버스의 동상 역시 사라지고 있어. 조지 플루이드 사건 이후 인종차별 시위가 커지면서 시위대가 콜럼버스 동상을 끌어 내리거나 머리 부분만 파괴하는 일이 벌어진 거야.

지금까지 미국에서는 콜럼버스를 아메리카 대륙을 발견하고 유럽인을 아메리카 대륙으로 옮겨 가게 한 독립과 이민자의 상징으로 여겨 왔어. 그러나 인종차별에 반대하는 시위대는 콜럼버스를 역사적 위인으로 삼는 것은 어디까지나 백인 중심주의의 시각이라고 주장해. 아메리카 대륙에는 애초부터 원주민이 살고 있었는데 백인이 이를 발견했다는 것도 말이 되지 않는다는 거야. 콜럼버스 역시 유럽 중심의 식민지 시대를 시작한 인물이니 동상을 세울 필요가 없다는 게 이들의 주장이지.

반면 콜럼버스 동상을 무너뜨리는 시위대의 행동에 반대하는 이도 있어. 오랫동안 역사적 상징물로 세웠던 동상을 파괴하는 행동은 지나치게 급격하고 폭력적이라는 거야. 〈바람과 함께 사라지다〉의 퇴출 역시 반대 여론이 있었어. 명작으로 영화사에 남은 작품을 인종차별 논란 때문에 퇴출시킨다는 사실에 반감을 드러내는 목소리가 있었단다.

과격한 행동이나 섣부른 퇴출 자체를 비판하는 것은 충분히 가능한 일이야. 다만 두 사건의 인종차별 논란은 한 가지 교훈을 주고 있어. 인종차별을 당연시했던 역사를 돌아볼 필요가 있다는 점이야. 뿐만 아니라 우리가 무심코 지나치는 역사적 사실이나 미디어 속 내용에도 인종차별적 시각이 담겨 있을 수 있음을 기억해야 해.

장난감 인형이 모두 흑인이라면?

2017년 미국의 한 잡지에 이목을 끄는 화보가 실렸어. 다른 화보와 마찬가지로 여성의 일상을 담은 사진 같았으나 분명 특이한 점이 있었지. 다음과 같은 장면을 담은 세 장의 사진이었어.

1. 인형 가게 진열대에 모두 흑인 인형이 자리한 모습
2. 손과 발 관리를 받는 네일 살롱에서 서비스받는 아시아계 여성과 서비스를 제공하는 백인 여성의 모습
3. 백인 여성 가정부가 라틴계 여성의 시중을 드는 모습

이 화보가 주목받은 이유를 짐작할 수 있니? 미국 사회에 나타나는 인종의 사회적 지위에 대한 고정관념을 정반대로 표현했기 때문이야. 현실에서 아이들이 가지고 노는 인형의 대다수는 백인의 모습이야. 그리고 네일 살롱에서 근무하며 서비스를 제공하는 여성은 주로 아시아계라는 인식이 존재해. 또한 미국 사회에서 가정부로 종사하는 여성은 당연히 라틴계가 많다는 고정관념도 자리 잡고 있지. 현실 속에서 나타나는 인종에 대한 고정관념을 정반대로 뒤집었기 때문에 이 사진들은 다소 낯설게 느껴졌고, 그 이유로 사람들이 사진을 훑어보게 된 것이란다. '인종에 관해 말해 보자'라

는 제목의 화보는 우리가 인식하고 있는 인종에 대한 선입견을 뒤집어 보자는 의도로 제작되었지.

이전부터 패션 화보가 종종 인종차별 논란에 휩싸인 일이 있었어. 한 이탈리아 명품 브랜드에서는 백인, 흑인, 동양인이 앉아 음식을 먹는 장면을 담은 화보에서 동양인만 손으로 스파게티를 먹는 모습으로 등장했어. 몇 년 후 이 브랜드는 동양인 모델이 젓가락으로 스파게티와 피자를 먹는 광고를 제작했어. 동양인이 타 문화에 무지하다는 편견을 드러낸 광고라는 비판을 받았고, 중국 시장에서 퇴출당할 위기에 이르렀지.

세계적인 비누 회사 역시 인종차별 광고로 큰 비난을 받은 바 있어. 흑인 여성이 갈색 티셔츠를 벗고 백인으로 변하는 내용의 광고였지. 자사 비누를 쓰면 백인처럼 하얗게 된다는 표현을 담은 인종차별적 광고라는 비난을 받았단다. 중국의 한 세제 광고 역시 세탁기에 흑인을 넣고 빨자 하얀 피부의 중국인이 되는 동영상 광고를 방영했다가 최악의 인종차별 광고에 뽑히기도 했어.

인종차별 논란이 등장하는 광고들을 생각해 볼 때 '인종에 관해 말해 보자'는 이야기는 분명 새로운 시도였어. 이 광고가 보여 주는 장면들이 어색하고 낯설게 느껴지는 이유를 가만히 따져 보면 현실 속 인종의 사회적 지위와 그에 대한 고정관념이 어디에서 비롯되었는지 생각해 보게 돼.

흑인 인어공주의 탄생

2019년 월트디즈니는 1992년에 나온 만화 〈인어공주〉를 실사화하여 영화로 만들겠다고 발표했어. 과연 누가 인어공주로 탄생할지 많은 사람이 궁금해했지. 얼마 후 디즈니가 발표한 인어공주는 가수 출신의 흑인 여성이었어.

캐스팅을 두고 사람들의 의견이 분분했어. 〈인어공주〉의 원작은 한스 안데르센이 1837년에 지은 덴마크 동화야. 당연히 백인을 캐스팅해야 하는데, 무리한 PC(Political Correctioness)가 아니냐는 지적이 일기도 했지. PC는 편견을 배척하려는 사회적 운동을 말해. 국내 네티즌 역시 〈콩쥐팥쥐〉 영화에 백인이나 흑인을 주인공으로 캐스팅한 것과 비슷하지 않느냐는 반응이 많았어. 반면, 흑인 인어공주를 찬성하는 여론도 있었어. 어린아이들이 즐겨 보는 원작 동화를 배경으로 하는 만큼 다양한 인종의 인어공주가 존재할 수 있다는 가능성을 보여 줘야 한다는 목소리였지.

미국 영화 산업계에서 쓰이는 용어 중 '화이트 워싱(White Washing)'이라는 말이 있어. 원작이 있거나 실존 인물을 다루는 영화에 백인이 아닌 소수 인종의 등장인물이 존재함에도 백인에게 해당 역할을 맡기는 경우를 말해.

사실 이런 캐스팅은 흑인보다는 동양인 역할에서 자주 일어나는 일이야. 1956년작 할리우드 영화인 〈징기스칸〉에서는 몽골인인 주인공을 백인 배우 존 웨인이 연기했는데, 이것이 화이트 워싱의 대표적 예야. 최근에도 원작의 한국계 과학자 역할에 백인 배우를 캐스팅했던 2015년작 〈마션〉, 일본 애니메이션을 원작으로 한 영화에 백인 배우 스칼릿 조핸슨을 캐스팅한 〈공각기동대 : 고스트 인 더 쉘〉 등이 화이트 워싱이라는 비판을 받았어. 중동계 인물인 예수 역할이나 에밀리 브론테의 소설이 원작인 〈폭풍의 언덕〉 속 까무잡잡한 피부를 가진 인물 히스클리프 역할을 백인이 맡는 등 오랫동안 할리우드에서는 화이트 워싱이 흔하게 일어났어.

2014년에 제작·상영된 할리우드 영화 163편을 분석한 캘리포니아 대학의 '할리우드 다양성 분석 리포트'에 따르면, 대상 영화의 주연배우 가운데 백인을 제외한 소수 인종의 비율은 12.9%에 그쳤다고 해. 2014년 미국 내 소수 인종의 비율이 37.9%에 달했다는 사실을 감안하면 비현실적인 캐스팅 비율이지. 화이트 워싱은 미국 내 소수 인종에게 충분한 기회가 돌아가지 않는 미국 영화 산업계의 현실을 보여 주고 있어.

최근 미국에서는 역사적 인물이나 신화를 소재로 한 드라마 등에 흑인이나 동양인을 캐스팅하는 경우가 생기고 있어. 트로이전쟁을 배경으로 한 드라마에서 아킬레우스와 제우스를 흑인이 연기하는 경우도 있었지. 이를 두고 무리한 캐스팅이라고 지적하는 목소리가 있었던 반면 신화를 소재로 한 내용인데 어떤 인종이 연기하든 큰 상관이 없다는 의견도 존재했어.

흑인 배우가 맡는 인어공주나 제우스에 대해 어떤 생각이 들어? 물론 선호도가 갈릴 수 있는 문제야. 그럼에도 불구하고 이런 이슈들은 한 가지 사실을 알려 줘. 그동안 우리가 아무렇지 않게 지나쳤던 할리우드 영화나 드라마의 캐스팅 속에도 인종차별 관련 이슈가 존재한다는 거야.

살색은 살구색일까?

1990년대까지 크레파스에 살색이라고 이름 붙여졌던 색깔이 있어. 어린이들은 사람 얼굴을 무조건 '살색'이라 이름 붙은 색깔로 칠하고는 했지. 그런데 2001년에 이 살색이 인종차별 언어라는 청원이 올라왔어. 그리고 2002년 국가인권위원회가 이를 바꿀 것을 권고했지. 황인종이 다수인 우리나라에서 그동안 살색이라 불렸던 색깔은 사실 다른 인종의 피부 색깔을 인정하지 않는 이름이라고 생각했기 때문이야. 인권위원회는 이 색상 명칭이 헌법 제11조 평등권을 침해할 소지가 있음을 지적했고, 2005년 국가기술표준원이 이 권고를 받아들여서 '살색'을 '살구색'으로 바꾸었어. 이제 살

모두
살색입니다

외국인 근로자도 피부색만 다른 소중한 사람입니다
물어가서 우리나라를 세계에 알릴 귀한 손님입니다.

우리(내)들은 말습니다. 남들과 피부색이 좀 같고 있습니다.
낯설(내)의 아름이 아니도, 우리가미에 어렵지 않고 낯설지(않)습니다.
그보다 요즘 심심할때 봅래요란 피부이 노동가 인문대컨에 소식들을
신동 무렵이 마음을 아프게 합니다.
우리나라에 온 귀한 손님들에게 통합에대지에게 마치을
다시 한번 소식을 바랍니다.

kobaco 한국방송광고공사
공익광고협의회

피부색이 달라도 모두 존중받아야 한다는 광고.

색이라 불렸던 색깔에는 살구색이라는 이름이 붙었단다.

살색이 살구색이 된 지 오래지만 여전히 우리 주변에는 인종차별적인 언어와 타 문화를 혐오하는 표현이 있어. 특히 최근에는 미디어를 통해 타 문화나 인종에 대한 이해보다는 편견이 널리 퍼지는 경향이 있어. 전 세계 사람들이 네트워크를 통해 다양한 문화를 접할 수 있는 요즘, 인터넷 온라인 커뮤니티나 SNS에서 인종 갈등과 관련된 논란이나 문화 충돌 역시 흔한 일이 되었어.

미디어는 오랫동안 백인 중심, 서양 중심의 문화를 전달해 왔어. 물론 최근 들어 나타난 정치적 올바름의 흐름이 과도하다는 의견도 존재하지. 그러나 기본적으로 백인과 서양 중심의 선입견과 편견이 담긴 미디어의 모습이 무엇인지 먼저 파악하고, 이를 바탕으로 정치적 올바름을 판단할 필요가 있어. 이런 판단이 선행되어야 다양한 인종과 문화 간에 나타나는 뿌리 깊은 갈등 문제를 풀어 나갈 실마리가 마련되지 않을까?

콜럼버스는 정말 아메리카 대륙을 발견했을까?

1492년에 콜럼버스가 신대륙을 발견했다는 이야기는 누구나 알고 있다. 그러나 이 문장을 자세히 들여다보면 편견이 자리 잡고 있다는 사실을 발견할 수 있다. '발견'이라는 단어는 그동안 알지 못했던 것을 찾아낸다는 의미를 갖고 있다. 그렇기에 이 문장을 자세히 살펴보면, 유럽 백인이 그동안 몰랐던 아메리카 대륙을 새롭게 발견했음을 이야기하고 있다. 그러나 신대륙이라고 칭하는 아메리카 대륙은 원주민이 살며 문명을 이루었던 곳이다. 세계사 속 용어에도 유럽 중심 사상이 녹아 있는 것이다.

우리가 진실이라고 알고 있는 세계사 교과서에는 콜럼버스 이야기 외에도 서양 중심의 시선이 담겨 있다. 교과서의 대부분을 차지하는 것은 유럽의 역사다. 유럽의 고대 그리스 문화부터 신항로 개척과 식민지 시대, 시민혁명과 산업혁명, 국민국가의 성립 등이 중요한 사건으로 등장한다. 유럽의 역사가 주인공으로 등장하는 것이다. 반면 아메리카 원주민의 역사나 유럽 강대국의 식민지였던 아프리카, 동남아시아의 역사는 한두 쪽에 걸쳐 서술되고 있을 뿐이다. 신항로 개척이나 산업혁명이 가져온 긍정적 변화에 초점을 맞추어 서술하면서 이것이 지구촌의 불평등에 가져온 문제는 길게 이야기하지 않는다. 세계사 교과서 속에도 지구촌의 '기울어진 운동장'이 자리 잡고 있는 것이다.

6장
나를 위해 있는 그대로
당당하게

: 미디어로 본 외모차별 이야기

예쁘고 잘생겨서
용서해 준다?

한 여성 강도의 팬 카페가 생긴 사연

'예쁘고 잘생겨서 용서해 준다'는 말이 있지? 훌륭한 외모를 가진 사람이 잘못이나 실수를 저질렀을 때 사람들이 우스갯소리로 내뱉는 말이야. 그런데 농담처럼 하는 이 말이 그저 흔한 우스갯소리에 불과할까?

2004년 국내에서 몇몇 네티즌이 모여서 현상 수배 상태인 한 여성 강도의 온라인 팬 카페를 만든 일이 있었어. 범죄자를 지지하는 팬 카페가 왜 생겼는지 의아할 거야. 이유는 단 하나, 현상 수배 사진에 나온 범죄자의 얼굴이 굉장히 '예뻤기' 때문이었어. 특수 강도 범죄를 저지른 여성의 외모에 반해서 팬 카페에 가입한 인원은 무려 3만 명이 넘었지. 카페 회원들은 여성 범죄자에게 '얼짱 강도'라는 별명을 붙여 주고 '당신은 잘못이 없습니다' '힘내세요' 등의 글을 올리기도 했어. '예쁘고 잘생기면 용서해 준다'는 농담 같은 그 말이 현실이 된 순간이었지.

소수의 어리석은 네티즌이 만들어 낸 기이한 현상이었을까? 그렇지만 3만 명이라는 팬 카페 회원 수는 소수라고 무시할 정도의 적은 인원이 아니었어. '얼짱 강도 팬 카페 사건'은 가볍게 웃어넘길 특이한 에피소드가 아니라, 대한민국에서 얼마나 많은 사람이 훌륭한 외모에 열광하는지를 보여 준 씁쓸한 일화였던 거지.

외모 능력주의? 외모 차별주의!

사실 '예쁘고 잘생겨서 용서해 준다'는 말에는 한 가지 사고방식이 숨어 있단다. 훌륭한 외모가 개인의 잘못이나 단점을 덮을 만큼 중요한 능력이라는 논리지. 강도 짓을 한 사람에게 응원을 보낼 만큼 팬 카페 회원들은 외모를 중요한 능력과 자질로 여겼던 거야.

다수의 사람이 외모를 중요한 능력으로 생각하고 개인의 우열, 인생의 성패까지 가른다고 생각하는 현상을 '외모 지상주의'라고 하는데 영어로는 '루키즘(Lookism)'이라고 해. 외모 지상주의가 존재하는 사회에서 외모는 매우 중요한 요소가 돼. 외모로 인해 취업, 결혼, 대인관계 등 수많은 분야에서 성공과 실패가 결정되지. 이 때문에 사람들은 외모에 집착하게 되고, 자신과 타인을 평가할 때도 외모를 기준으로 우열을 나누려고 한단다.

처음 외모 지상주의를 사회적인 문제로 지적한 사람은 윌리엄 새파이어라는 저널리스트였어. 그는 2000년 미국 유력 일간지 뉴욕 타임스 칼럼을 통해 외모 지상주의의 심각성을 지적했지. 새파이어는 과거 인종이나 성, 종교, 이념 등에 의해 사람들 사이에 불평등이 생겨났듯 21세기에는 외모로 인한 불평등과 차별이 생겨날 것이라 예언했어. 그는 어째서 외모 지상주의가 불평등을 불러올 수 있다고 생각했을까?

외모 지상주의가 지배하는 사회는 훌륭한 외모를 가진 이들을 '착한 사람, 능력 있는 사람, 성공한 사람'으로 규정해. 반대의 경우는 '심성이 나쁜 사람, 능력 없는 사람, 실패한 사람'으로 생각하지. 새파이어는 이렇게 외모를 기준으로 타인을 판단하고 차별 대우하는 분위기가 전 세계적으로 확산할 거라고 지적한 거야. 외모 지상주의의 미래를 정확히 예측한 발언이었지.

외모는 정말 능력일까?

사실 외모가 한 사람을 평가하는 데 중요한 요소로 작용한다는 사실은 부정할 수 없는 현실이야. 훌륭한 외모를 가진 사람이 그렇지 않은 사람보다 취업, 승진에서 성공하기 쉽고 높은 연봉을 받는다는 것을 밝힌 수많은 연구가 있어. 경제학자 대니얼 해머메시는 『미인경제학』에서 아름다움과 소득의 관계를 밝힌 바 있어. 그에 따르면 평균 이상의 외모를 가진 남성과 여성은 보통 외모를 가진 남녀보다 각각 4%, 8% 정도 더 높은 소득을 올리고 있었다고 해.

취업 과정에서도 비슷한 일이 벌어져. 한 구직 사이트에서 기업 인사 담당자 1,000명을 상대로 채용 평가에 외모가 영향을 미치는지 여부를 조사한 결과, 응답자 중 57.4%가 외모를 평가한다고 답했어. 특히 이 중 45.8%는 실제 지원자의 외모 때문에 감점 또는 탈락시킨 경험이 있다고 했고, 지원자의 스펙이 부족해도 외모 때문에 가산점을 주거나 합격시킨 경험이 있다고 한 기업 인사 담당자도 전체 응답자의 37.6%나 되었단다.

이러한 조사 및 연구 결과는 외모가 취업이나 소득에 중요한 요소로 작용한다는 사실을 알려 줘. 그럼에도 불구하고 세상에는 또 다른 진실도 존재한다는 것을 잊지 말아야 해. 외모 외에도 업무 능력이나 성실성, 책임감 등 한 개인을 평가할 수 있는 다른 요소가

있다는 점 말이야. 그러나 외모 지
상주의에 사로잡힌 이들은 겉으로
드러난 생김새가 무엇보다 중요한
자질이라고 여기기 때문에 다른 자
질들을 무시하는 오류를 저지를 수
있단다.

미국 29대 대통령 워런 하딩.

이 시점에서 미국의 29대 대통령
이었던 워런 하딩의 이야기를 꺼내
볼까 해. 원래 작은 신문사의 편집
장이었던 하딩은 대통령을 할 만큼 정치적 신념이나 풍부한 지식,
연설 능력을 지닌 인물은 아니었어. 그럼에도 그는 짧은 기간에 상
원의원이 되었고, 공화당의 대통령 후보에 지명되었단다. 그리고
1921년 압도적인 표 차이로 상대 후보를 누르고 마침내 대통령이
되었지. 뚜렷한 능력이 없었던 그가 대통령에 당선된 비결은 무엇
이었을까? 비밀은 바로 그의 외모에 있었어.

하딩은 눈썹이 진하고 이목구비가 뚜렷했어. 하딩의 외모를 보고
사람들은 그가 정치가로서 뛰어난 능력과 인품을 지녔을 거라고 믿
었어. 실제로 그의 정치적 식견이나 능력, 정치가로서의 노력 같은
것을 굳이 들여다보려고 하지 않았지.

그러나 대통령이 된 하딩은 사람들의 생각과는 달리 무능력한

정치가의 표본이 되어 버렸어. 경제 위기가 다가왔음에도 별다른 조치를 취하지 않았고, 무능하고 부도덕한 자신의 친구들을 공직에 임명했어. 취임 2년 3개월 만에 심장마비로 사망하기는 했지만 죽음 이후에도 그의 공적·사적 스캔들이 여러 방면에서 튀어나왔지. 지금도 하딩은 미국인에게 역사상 최악의 대통령으로 평가되는 인물 중 하나야. 심리학에서는 하딩의 사례를 바탕으로 겉으로 드러난 생김새만 보고 사람을 평가할 때 생기는 문제를 '하딩의 오류'라고 부른단다. 하딩의 외모에 속은 대중의 어리석은 판단이 심리학 용어로 남게 된 거야.

한편 타고난 외모만 보고 그를 대통령의 자리까지 올려놓은 미국 국민의 어리석은 판단에 놀라게 돼. 그런데 강도 짓을 한 범법자를 오로지 예쁘다는 이유로 '착할 것이다' '응원한다'며 옹호했던 2004년 대한민국 네티즌의 모습, 외모를 보고 타인의 능력과 인생의 성패를 평가하는 현재 우리의 모습을 생각해 봐. 하딩의 오류를 저지른 미국인의 모습이 낯설지 않다는 사실을 깨닫게 될 거야.

'명품 몸매'라는 말에 숨겨진 진실

'명품 몸매'라는 말을 한 번쯤 들어 봤을 거야. '명품 몸매 연예인'

'명품 몸매 과시' 등 인터넷 기사 연예면의 제목을 장식하는 대표적인 단어 중 하나이지.

명품(名品)이라는 말은 뛰어나거나 이름난 물건이나 상품에 붙이는 말이야. '명품 몸매'라는 표현은 누군가의 몸매를 극찬하는 말로 들리는 한편 어딘지 모르게 의미심장하게 느껴지는 구석도 있어. 인간의 외형을 '상품'에 비유하고 있다는 점에서 말이야.

언제부터 사람의 외모에 상품 가치를 매기게 되었을까? 명품 몸매라는 단어에서 알 수 있듯 외모 지상주의는 자본주의와 깊은 연관이 있어. 물론 자본주의 발달 이전에도 많은 사람이 외모의 아름다움을 중요하게 여겼어. 미(美)를 추구하는 것은 인간의 본성에 가까운 일이니까. 그러나 자본주의가 발달하기 전에는 경제적으로 풍족하지 않았기 때문에 대다수 인류의 주요 관심사는 '생존'에 있었어. 하루 먹을 식량을 마련하고 사는 일도 녹록지 않았기에 상류층을 제외한 대부분의 사람이 신체의 아름다움에 큰 관심이나 자원을 쏟을 만한 여유를 가지지 못했지.

그런데 자본주의가 시작되고 특히 산업화가 가져온 풍요로움이 사회 전반에 나타나기 시작한 20세기부터 사람들은 '생존' 외에 다른 곳에도 신경 쓸 여유가 생겼어. 그래서 사람들은 외모를 꾸미는 데 관심을 기울이기 시작했단다. 뿐만 아니라 경제적 가치가 중요시되는 자본주의 사회에서 사람들은 세상의 많은 것을 상품으로 바라보게 되었어. 이런 분위기 속에 사람의 얼굴이나 몸매도 중요한 상품으로 취급되기 시작했지.

때마침 과학기술의 발달과 함께 대중매체의 발달도 함께 이뤄졌어. TV나 영화 등 시각을 자극하는 대중매체는 가수나 배우의 외모를 비출 수 있게 되었고, 다양한 산업의 광고를 전달하는 기능까지 갖추고 있었지. 특히 미용용품을 판매하는 산업계에서는 경제적 이윤을 얻기 위해 미디어 광고를 적극적으로 활용하기 시작했어.

화장품이나 다이어트 제품 등의 광고는 아름다운 외모가 무엇인지 정의하고, 자신들의 제품을 사용해야 그 기준에 맞는 외모를 갖출 수 있다고 사람들을 설득했어. 우리가 아름답다고 생각하는 외모의 기준을 한번 생각해 봐. 길고 가느다란 다리, 크고 쌍꺼풀 진 눈, 높은 코, 갸름한 턱……. 우리는 보통 바비 인형 같은 서구적인 외모를 아름다운 것이라고 여기는 경향이 있는데, 이런 외모의 표준이 만들어진 데에는 광고가 매우 중요한 역할을 했단다.

예컨대 화장품 광고는 희고 고운 피부가 아름다운 외모의 조건이라고 말해. 이런 외모를 갖추려면 자사의 제품을 사용해야 한다고 소비자에게 끊임없이 이야기하는 거야. 지하철역에 가면 흔히 볼 수 있는 미용성형 광고를 생각해 봐. 성형 이전과 이후의 사진을 비교해 보여 줌으로써 미용성형 수술의 효과를 부각시키고 있지. 사람들은 이 광고를 보면서 성형 이전의 작은 눈, 낮은 코, 큰 턱을

비현실적인 체형 탓에 아름다움의 기준을 왜곡시킬 수 있는 바비 인형.

'아름답지 않은 것'으로 인식하고 이런 외모를 가진 사람을 '실패한 사람'으로 규정하게 돼. 이때 광고는 미용성형을 통해 새로운 외모를 얻으면 자신감, 인생의 성공을 한꺼번에 맛볼 수 있다고 사람들을 설득하는 기능을 하지. 이러한 방식으로 미디어에서는 교묘하게 아름다움의 기준을 우리에게 제시해. 그리고 성형외과와 뷰티 산업계에서는 미디어의 광고 기능을 통해 돈을 벌어들이는 구조를 형성하고 있단다.

미디어의 광고를 주의 깊게 들여다본다면 너도 깨닫게 될 거야. 수많은 광고가 매일 표면적인 외모의 기준을 우리에게 주입시키고, 이 기준에 맞추기 위해 노력해야 한다고 매일 설득하고 있다는 사실을 말이야.

차이와 차별은 어떻게 다를까?

모든 사람은 생김새, 성격, 인종, 성별, 종교 등이 각자 다르다. 여성과 남성, 장애인과 비장애인, 키가 큰 사람과 작은 사람 등 여러 가지 특성이 서로 다른 것을 '차이'라고 한다. 반면 생김새나 인종, 성별 등의 차이를 이유로 특정한 사람들에게 근거 없이 불이익을 주는 것은 '차별'이라고 한다. 예를 들어 키가 큰 사람과 작은 사람은 그저 외모에서 나타나는 특징이 다를 뿐이다. 이것은 차이에 해당한다. 그러나 만약 키가 작다는 이유로 채용 과정에서 뽑지 않거나 낮은 임금을 준다면 이것은 차별이 된다.

세상에는 갖가지 이유로 차별이 심심치 않게 일어난다. 공공시설이 장애인에게 불편하게 설계된 경우, 외국인 영어 교사를 흑인이 아닌 백인 위주로 채용하는 경우, 똑같은 교육 수준과 업무 능력을 가진 여성과 남성에게 기업이 임금을 다르게 주는 경우 등 어떠한 특성의 차이 때문에 특정 집단에게 차별을 가하는 경우를 볼 수 있다.

이런 차별들을 없애기 위해서는 서로의 차이를 존중하는 일부터 시작해야 한다. 예를 들면, 장애를 가진 어린이는 일반적인 놀이터에서는 시설이 위험하거나 부족하여 마음껏 뛰어놀지 못하는 경우가 있다. 이를 해결하기 위해서는 공공기관이나 국가가 장애를 가진 어린이들을 위한 놀이터나 시설을 만들어야 한다. 이렇게 서로의 다름을 인정하고 차이를 존중함으로써 세상에 존재하는 많은 차별을 줄일 수 있다.

미디어는 어떻게
멋진 외모를 강요할까?

얼짱, 꿀벅지, 베이글…… 외모를 표현하는 말

'꿀벅지 연예인' '베이글녀' '원조 얼짱' 등은 모두 유명인을 다루는 방송이나 기사에서 꾸준히 등장하는 신조어야. 2017년 신문과 방송에서 가장 많이 등장한 신조어를 조사한 결과, 이처럼 누군가의 외모를 평가하는 단어가 높은 빈도로 사용되고 있었어.

날씬하고 빼어난 외모를 한 출연자와 그렇지 않은 출연자를 함께 등장시켜 사람들의 웃음을 이끌어 내는 개그 코너가 낯설게 느껴지지 않을 거야. 타인의 외모를 트집 잡거나 품평하는 방식으로 아무렇지 않게 출연자들의 외모 순위를 매기는 내용을 구성하는 예능 프로그램 역시 여전히 전파를 타고 있단다.

2019년 서울 YWCA에서 20일간 18개 TV 프로그램을 대상으로 하여 내용을 분석한 결과, 출연자의 외모를 평가하는 내용이 21건이나 지적되었어. 다수의 출연진이 여성 출연진에게 외모에 대한 평가가 담긴 말을 건넸고, 여성 개그맨에게는 외모 비하 및 모욕까지 서슴지 않았지. 외모 평가가 비단 여성 출연자에게만 한정된 것은 아니었어. 남성 출연자에게 외모 평가나 조롱을 일삼는 개그 프로그램도 적지 않았어. 남성 개그맨의 외모를 보고 '야수'라고 평가하거나, 못생겼다는 이유로 갑자기 얼굴을 때리면서 웃음을 유발하는 개그 프로그램도 지적을 받았지.

이러한 예능 프로그램의 내용이나 구성 방식은 어떤 문제를 불러올까? 우선, 이런 시청자에게 외모에 대한 고정관념을 심어 줘. '날씬하고 예쁘고 잘생긴 것은 우월하고 성공한 것' '뚱뚱하고 못생긴 것은 열등하고 실패한 것'이라는 사고방식을 퍼트릴 수 있어. 시청자는 TV를 보면서 '타인의 외모를 평가하는 것은 자연스러운 일이고, 외모를 소재로 타인을 놀리거나 조롱해도 문제가 없다'는 생각을 자연스럽게 하는 거지.

내 얼굴을 평가해 주세요

대중매체뿐 아니라 SNS, 인터넷 커뮤니티, 온라인 뉴스 등의 뉴 미디어에서도 외모 평가와 차별은 새삼스러운 일이 아니야. 최근 SNS에서 인기를 끄는 얼평 문화도 이러한 경향을 반영하고 있어. 얼평은 '얼굴 평가'의 줄임말로 누군가의 외모를 평가하는 것을 뜻한다고 하더구나. 예컨대 누군가가 SNS에 올린 사진을 보고 하트 1개에서 5개 사이의 점수를 매기는 식으로 외모 수준을 평가하는 것이지.

특히 초중고등학생 사이에 이 얼평 문화가 널리 퍼져 있다고 해. 청소년들은 댓글로 타인의 얼굴을 평가하는 것은 물론이고, '얼평'을 해 달라며 과감히 자신의 사진을 올리기도 한다지. 왜 10대들은 자신의 얼굴을 평가해 달라고 하는 것일까? 전문가들은 다른 사람들에게 인정받고 싶어 하는 청소년기의 욕구가 외모 지상주의라는 경향과 맞물려 얼평 문화가 생긴 것이라고 분석했단다.

SNS가 얼평 문화의 중심지가 된 이유도 짐작해 볼 수 있어. 대부분의 SNS에서는 사진이 중심 콘텐츠가 되는 경우가 많아. 이 때문에 외모가 출중한 사람들이 몇 장의 사진만으로 스타가 되기도 해. 사람들은 이런 SNS 스타들을 부러워하고, 그들이 자주 쓰는 화장품, 성형이나 시술 방법 등 외모를 가꿀 수 있는 방법을 물어보기도 한단다.

사진이 실린 온라인 뉴스의 댓글에는 연예인이나 유명인의 외모 품평이 자연스럽게 따라오고는 해. 외모 지상주의가 지배하는 사회에서는 타인의 외모를 평가하는 기준도 무척 엄격한 편이거든. 이상적인 외모 기준에 미치지 못한다고 생각하는 유명인에게 댓글로 조롱과 비난을 서슴지 않는 네티즌도 많아. 반면 예쁘고 잘생긴 유명인을 극찬하는 댓글도 심심치 않게 올라온단다. 칭찬이든 비난이든 외모에 대한 냉정한 평가라는 점은 크게 다르지 않지.

외모를 묘사하는 신조어나 얼평 문화를 통해 우리는 한국 사회에서 얼마나 외모가 중요한 가치인지 깨닫게 돼. 점수로 외모를 평가하고 줄 세울 수 있다는 사실은 우리 사회에서 아름다움의 기준이 획일화되어 있음을 보여 주는 것이기도 하지. 미디어에서 이루어지는 외모 평가를 통해 우리는 획일화된 기준을 머릿속에 되새기게 되고, 현실에서도 외모 지상주의를 답습하게 된단다.

TV 속은 날씬한 사람들의 세상?

TV 속 세상을 한번 찬찬히 훑어봐. 음악 프로그램에서는 마른 몸매의 아이돌이 노래하고 춤을 춰. 2016년 한 언론사가 한국 아이돌의 프로필을 빅 데이터로 조사한 바에 따르면, 한국 남자 아이돌은 평균 177cm의 키에 64kg의 몸무게, 여자 아이돌은 평균 165cm의 키에 46kg의 몸무게를 지녔다고 해. 19~24세 남성의 평균 체형이 키 174.3cm에 몸무게 72kg, 여성의 평균 체형은 키 161.6cm에 몸무게 57.2kg인 것을 감안하면(문화체육관광부 국민체력실태조사, 2017), 우리가 각종 매체를 통해 접하는 아이돌이 얼마나 말랐는지 짐작할 수 있어.

드라마 속 등장인물도 크게 다르지 않아. 극을 이끄는 주요 인물들은 주로 마른 체형이야. 한국여성민우회의 미디어운동본부가 2016년 조사한 바에 따르면, 그해 방송된 55편의 드라마에 등장한 인물 907명 중 외형상 비만인으로 분류된 인물은 단 2.8%인 25명뿐이었어. 통통한 체형의 사람은 상대적으로 비중이 적은 배역으로 등장했지. 게다가 드라마에 등장하는 소수의 비만인은 계속 무엇인가 먹고 자기 관리를 못하는 게으른 이미지로 연출되는 경우가 많았어. 만약 주인공이 비만인으로 등장한다 해도 살을 뺀 다음 새로운 인생을 살게 되는 이야기를 다루는 경우가 대부분이었지. 이 경우 날씬한 배우가 '특수 분장'을 하고 잠시 살찐 모습을 보여주는 연출이 많았어.

TV 속 세상을 살펴보면, 살찐 사람들이 드라마나 음악 프로그램에서 살아남기 어렵다는 사실을 깨닫게 되지. 아이돌이나 주인공 배우들은 살이 찌면 대중에게 '연예인이 자기 관리를 하지 않는다' '살찐 주인공 때문에 드라마에 몰입이 안 된다'며 비난을 받기 쉬워. 연예인의 SNS에 '살 좀 빼라'며 충고하는 댓글을 올리는 사람도 많아. 그래서 자기 관리를 못 했다는 비난을 피하기 위해 연예인들은 또다시 살을 빼고 체형 관리를 해야만 하지. 이런 과정을 겪다 보면 결국 TV에는 날씬하거나 마른 체형의 사람들이 주로 출연하게 된단다. 통통한 체형을 가진 연예인 지망생은 연기, 노래, 춤 등에 재능이 있어도 방송에서 재능을 펼칠 기회를 박탈당하는 경우도 생겨.

방송에서 비만은 부정적인 이미지로 다뤄지는 경우가 많아. 비만인 연예인이 프로그램에 등장하면 체형을 소재로 주변인에게 놀림받거나 스스로 자기 비하 개그를 하는 식으로 다루는 경우가 그 예지. 그리고 이들에게 혹독한 다이어트를 시켜서 날씬한 체형으로 만들어 주는 서바이벌 예능 프로그램도 쉽게 볼 수 있어. 이런 프로그램들은 '비만'을 자기 관리가 안 된 실패의 상태로 시청자에게 인식시키고 다이어트로 날씬한 체형을 얻어야 인생에서 성공할 수 있다는 인식을 심어 준단다.

우리는 왜 스스로 뚱뚱하다고 생각할까?

최근 한 어린이 유튜버가 영상을 통해 자신의 고민을 털어놓아 화제가 되었어. 아이는 요즘 들어 살이 쪄 고민이라는 말을 했어. 그리고 예뻐지려면 화장을 좀 해야겠다고 말하고는 이내 화장품을 꺼내 화장하는 시늉을 했지. 성장기에 있는 어린이가 살을 빼야 한다는 강박관념에 사로잡힌 모습에 많은 네티즌이 우려를 표했어. 초등학생에 불과한 어린아이가 어떻게 살을 빼야 한다는 생각을 하게 되었을까? 주변 어른들의 영향도 있었겠지만, 미디어나 사회의 분위기가 이런 생각을 아이에게 심어 주지는 않았을까?

시청자는 미디어에 등장하는 사람들의 마른 체형을 보면서 그것이 이상적인 체형이라고 생각하게 돼. 그런데 거울에 비친 자신의 평범한 몸매는 미디어에서 말하는 이상적인 아름다움과는 거리가 멀지. 그러면 점차 자기의 체형을 결핍된 것으로 받아들이게 된단다. 이런 과정 속에서 많은 사람이 더 마르고 날씬한 몸매를 위해 살을 빼야 한다고 스스로 몰아붙이게 돼. 특히 자아 정체성이 형성되는 시기에 있는 10대는 미디어의 영향을 더 많이 받아. 2017년 통계청에서 발표한 조사에 의하면 체중이 정상 범위에 드는데도 자신이 비만이라고 생각하는 청소년이 무려 23.8%에 이르는 것으로 나타났어.

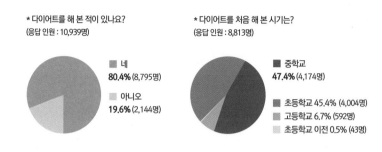

〈청소년의 다이어트 경험 조사 결과〉

* 다이어트를 해 본 적이 있나요?
(응답 인원 : 10,939명)

■ 네
80.4% (8,795명)

■ 아니오
19.6% (2,144명)

* 다이어트를 처음 해 본 시기는?
(응답 인원 : 8,813명)

■ 중학교
47.4% (4,174명)

■ 초등학교 45.4% (4,004명)
■ 고등학교 6.7% (592명)
■ 초등학교 이전 0.5% (43명)

자료 : 스마트에프앤디

이러한 인식은 무리한 다이어트 시도로 이어져. 한 학생복 회사
에서 10,939명의 청소년을 대상으로 조사한 결과, 전체 응답자의
80.4%에 해당하는 학생이 다이어트를 시도해 본 것으로 나타났어.
그리고 그중 93%의 청소년은 초중등학교 때 처음으로 다이어트를
시도했다고 대답했지.

제대로 된 정보를 습득하지 못한 채로 어린 나이에 시도하는 다
이어트는 거식증이나 폭식증 같은 식이장애로 이어질 가능성이 커.
실제로 다이어트를 해 본 여성 청소년이 성인이 되면 음식 섭취를
아예 하지 않는 등의 극단적 체중 감량을 시도할 위험이 1.6배 높
고, 식이장애 환자가 될 확률이 1.4배 높다는 연구 결과도 있단다.

정상 체중임에도 더 마르고 날씬한 몸매를 가지고 싶어 하는 청
소년의 모습 뒤에는 마른 체형을 이상적인 것으로 생각하게 만들고,

조금만 살이 찌면 부정적 이미지를 덧씌우는 미디어의 영향력이 숨어 있어.

비만인 사람들을 차별하는 분위기가 사회에도 공공연히 존재해. 2017년 여성가족부의 조사에 따르면, 정상 체중인 사람 중 16.5%가 사회생활에서 외모 차별을 경험했다고 했고, 과체중인 사람 중 22.4%가 취업, 대인관계, 결혼 등에서 외모 차별을 겪었다고 대답했어. 사회 분위기가 이렇다 보니 사람들은 남녀노소 자신의 체중에 만족하지 않고 살을 빼기 위해 부단히 노력해.

이런 사회 분위기 속에서 사회와 미디어가 전하는 날씬함에 대한 강박이 어린 유튜버에게 전해졌을 수 있지. 지나칠 정도로 날씬함을 강조하고 비만을 잘못인 양 몰아붙이는 사회 분위기를 한 번쯤 돌아볼 필요가 있어.

미용성형 대국이 된 대한민국

"한국은 세계 미용성형의 수도이다."

2015년 5월, 미국의 주요 일간지 중 하나인 워싱턴포스트가 한국의 미용성형 실태를 분석하며 남긴 말이야. 해당 기사에 따르면 한국은 미용성형의 중심지로, 인구 1만 명당 6.5건의 수술이 이루어져 인구 비율당 미용성형 건수가 세계에서 가장 많은 나라였다고 해.

그렇다면 한국인이 미용성형을 선택하는 이유는 무엇일까? 통계청의 조사에 따르면 대부분의 사람은 자기만족(59.9%)을 성형의 이유로 꼽았어. 인생에서 외모가 중요하기 때문(18.6%)에 또는 외모에 자신이 없기 때문(11.6%)에 성형수술을 한다고 대답한 이도 있었지. 그리고 취업이나 연애, 결혼 등을 위해 미용성형을 택하는 사람도 있었단다.

분명 미용성형은 스스로 외모에 대한 만족도를 높이기 위해 개인이 자유롭게 선택할 수 있어. 그러나 자기만족을 위해 하는 성형수술의 결과들을 떠올려 봐. 미용성형은 대부분 쌍꺼풀, 오똑한 코, 갸름한 턱 등 특정한 방향으로 외모를 바꾸는 데 사용되고 있어. 몇 년 전에는 '강남 미인'이라는 말이 유행하기도 했지. 강남에서 성형수술을 받은 여성들이 서로 유사한 외모를 갖게 되는 현상을 풍자한 말이야.

그렇다면 이런 현상은 어디에서 비롯되었을까? 앞서 말한 바와 같이 한국 사회의 분위기는 특정한 기준의 외모만을 아름다운 것이라고 이야기하고 있어. 그 속에서 사람들은 자신의 타고난 체형이나 생김새가 아름답지 않다고 생각하며 외모에 대한 열등감을 키우게 돼. 집단주의의 영향으로 타인의 시선을 비교적 많이 의식하는 한국인의 특성이 이러한 현상을 더욱 부추기고 있기도 하지.

독일의 시장조사기관 GfK가 발표한 '세계 외모 만족도 조사'에 따르면, 조사 대상 22개국 중 한국은 외모 만족도가 최하위인 21위였어. 오직 34% 정도의 사람만이 자신의 외모에 긍정적인 반응을 보였지. 자신의 생김새에 만족하지 않는 한국인이 많다는 사실을 알 수 있는 결과였어. 외모에 대한 열등의식이 미용 시술·성형에 대한 관심으로 이어지면서 한국은 미용성형이 활발히 이루어지는 나라의 대명사로 자리 잡은 거야.

미디어와 사회 분위기가 퍼트리는 외모 지상주의는 매력적이고 이상적인 외모의 기준을 제시하며 많은 사람을 수술대로 보내고 있단다. 이런 현상은 수많은 부작용으로 이어지기도 해. 이상적인 미의 기준을 정해 놓고 성형하다 보니 한 번의 성형으로는 만족하지 못하는 사람이 늘어나 중독 문제가 생기고, 부작용 때문에 고통받는 사람도 있어. 무리한 성형이나 시술로 의료사고가 일어나기도 하지. 이를 통해 외모 지상주의가 불러오는 폐해가 적지 않음을 깨달을 수 있단다.

전족, 작은 발이 아름답던 시대의 악습

태평천국운동은 1851년에 일어난 중국의 첫 근대화 운동이다. 홍수전 등 태평천국운동의 주도 세력은 수도인 난징을 점령한 뒤 중국의 나쁜 관습들을 철폐하려 했다. 아편과 노름, 음주 등과 함께 태평천국운동의 주도파가 금지하고자 한 관습 중 하나가 바로 '전족(纏足)'이다.

전족이란 어린 소녀나 여성의 발을 헝겊이나 천으로 묶어 성장하지 못하도록 하는 것을 말한다. 당시 중국인은 여성의 작은 발을 아름다움의 기준으로 생각했는데, 전족을 하면 발꿈치에서 발끝까지 고작 10cm 정도만 자랐기에 미(美)의 상징이 되었다. 10세기 초에서 20세기 초까지 중국에 존재했던 이 풍습은 원래 부유층 여성에게만 전해 내려왔으나 청나라 말기에는 빈민층을 제외하고 거의 모든 계층에 퍼졌다.

'작은 발'을 갖기 위한 여성들의 고통은 극심했다. 전족 때문에 뼈가 으스러지거나 발이 썩어 문드러지는 일도 흔했다. 발의 변형이 심해 제대로 걷지 못하게 되거나, 걷는 자세 때문에 등 모양까지 기형적으로 변하기도 했다. 이런 고통과 불편에도 불구하고 여성들은 어린 나이에 전족을 해야만 했다. 그래야 '못난 여자'라는 평판을 듣지 않고 이상적인 남편을 만날 기회도 얻을 수 있었기 때문이다.

©Shutterstock

전족의 크기를 가늠할 수 있는 중국 전통 신발.

새로운 아름다움을
찾아가는 미디어

아름다움은 한 가지 모습일까?

'비너스' 하면 어떤 모습이 상상되니? 아마도 긴 머리카락, 흰 피부, 뚜렷한 이목구비를 지닌 백인 여성의 모습이 떠오를 거야. 그리스 신화에서 아프로디테라고 부르는 비너스는 로마신화에 나오는 사랑과 미(美)의 여신이야. 오랜 세월 동안 비너스는 아름다움의 대명사가 되었어.

오스트리아의 빌렌도르프라는 지역 근처에서 발굴된 구석기시대 여성 조각상은 흔히 '빌렌도르프의 비너스'라는 이름으로 불리고 있어. 그런데 이 석상의 모습은 우리가 비너스를 떠올리면 생각나는 전형적인 아름다움과는 다소 거리가 있어. 허리가 굵고 배가

보티첼리의 〈비너스의 탄생〉(좌)과 '빌렌도르프의 비너스' (우).

나온 체형을 하고 있거든. 현대의 미적 기준으로 보면 비만이 아닌
가 생각될 정도지.

　이 석상에 비너스라는 이름이 붙은 데는 이유가 있어. 구석기시대
에는 이 석상과 같은 풍만한 몸매가 생식, 출산, 다산을 뜻하고, 이
것이 당대의 아름다움을 나타낸다고 보았기 때문이야. 또 수렵 생
활을 하던 당시 사회에서 이런 풍만한 체형은 높은 신분 계층에서
나 가능한 몸매였기에 성공의 상징이라고 보는 견해도 있단다. 이
처럼 빌렌도르프의 비너스는 구석기인이 생각했던 이상적인 아름
다움의 기준이 무엇인지 보여 줘. 지금과는 확연히 다른 기준이지.

빌렌도르프의 비너스를 보면 아름다움의 기준을 한 가지로 정의하기 어렵다는 사실을 알게 돼. 마른 몸매를 이상적인 미의 기준으로 삼고, 이러한 모습이 되기 위해 노력하는 우리의 모습을 되돌아보게 하지. 세상에는 한 가지 아름다움만 존재하지 않는다는 사실을 빌렌도르프의 비너스가 보여 주고 있는 거야.

안경 쓴 여성 아나운서, 화제가 되다

2018년 공중파 방송국의 한 여성 아나운서가 안경을 쓰고 뉴스를 진행해서 화제가 된 일이 있었어. 그 이유는 간단해. 여성 아나운서가 안경을 쓰고 뉴스를 진행한 것은 한국 방송 역사상 세 번째로 매우 이례적인 일이었거든.

기억을 더듬어 보면 안경 쓰고 뉴스 진행하는 남성 아나운서는 무척 많다는 사실을 깨닫게 돼. 그런데 여성 아나운서에게는 안경 착용이 화제가 될 만큼 특별한 일이었던 거야. '여성 아나운서는 안경 쓰면 안 된다'는 규정이 있는 것도 아니었어. 그저 암묵적 금기가 있었을 뿐이지.

이런 금기의 원인을 되짚어 보면 '안경 쓴 여성'에 대한 편견과 고정관념을 만날 수 있지. 우리 사회에서는 안경을 '예쁘지 않은 것'과 연결 짓는 사고방식이 많아. 미디어에서 안경 쓴 여성을 대개 어떤 방식으로 다루는지 생각해 봐. 안경 쓴 여성은 대체로 깐깐하거나 촌스러운 존재, 자신을 꾸미는 성의가 없는 존재로 등장하고는 해.

여성 아나운서의 '안경 금기' 역시 미디어의 외모 지상주의와 깊은 관계가 있어. 특히 여성에게 이런 경향이 엄격히 적용된다는 것을 알 수 있지. 즉, 안경에 대한 고정관념의 밑바탕에는 '여성은 예쁘게 꾸미기 위해 노력해야 한다'는 사고가 깔려 있는 거야. 이는 아나운서와 같이 특정 직업군에 속한 여성은 대중에게 예쁘게 보여야 한다는 외모 규제의 방식으로 이어지기도 해.

여성 아나운서와 마찬가지로 여성 승무원에게도 비슷한 일이 벌어진단다. 항공사에서 일하는 여성 승무원은 대체로 유니폼, 화장법, 키, 체중 등에 있어서 남성 승무원에 비해 많은 규제를 받고 있어. 이는 승무원의 채용 과정에서도 드러나. 과거 대부분의 국내 항공사에서는 객실 승무원을 채용할 때 여성은 신장이 162cm 이상이어야 한다는 규정을 두기도 했어.

그런데 이런 채용 규정을 찬성하는 의견도 있어. 비행기의 짐을 싣는 선반이 높고, 승무원은 위급 상황에서 승객을 구해야 하기 때문에 어느 정도 신장 기준이 필요하다는 이유지. 그러나 162cm라는 신장 조건은 유독 국내 항공사에 주로 존재했던 규정이야.

2008년에 국가인권위원회에서는 '합리적 이유 없는 평등권 침해의 차별 행위'라며 개선을 권고한 바 있어. 이에 따라 항공사들은 신장 제한 기준을 없앴지만 정작 채용 과정에서 키 작은 승무원은 뽑지 않는 등의 관행은 여전한 것으로 드러났지.

객실 승무원의 가장 중요한 역할은 항공기에서 안전 운항을 돕고 비상사태가 일어났을 때 신속하게 탈출하도록 승객을 돕는 거야. 이런 역할에 충실하려면 상황 대처 능력, 타인 배려, 외국어 실력, 서비스 마인드 등이 중요한 채용 조건이 되어야 해. 큰 키나 뛰어난 외모가 필수라고 볼 수는 없어. 그러나 아직도 많은 항공사가 외모나 체형을 중요한 기준으로 두고 여성 승무원을 뽑고, 여성 승무원이 근무 중 착용하는 치마나 신발 등은 승객의 음식을 나르고 짐을 올려야 하는 역할 수행에 오히려 불편을 주고 있어.

물론 이러한 규제도 최근 들어 어느 정도 완화되는 움직임을 보이고 있어. 어떤 항공사는 객실 승무원 지원 시 이력서에 증명사진을 없애기도 했고, 한 항공사에서는 승무원의 유니폼을 편안한 바지와 운동화로 정하기도 했단다.

여성 아나운서의 안경 착용과 승무원의 바지 착용은 여성의 외모에 대한 고정관념을 바꾸는 새로운 변화로 볼 수 있어. 이런 일들이 화젯거리가 되지 않고 당연하게 받아들여질 때까지 우리는 얼마나 더 먼 길을 가야 할까?

44 사이즈가 아니어도 좋아

2015년 4월, 세계 패션의 중심지 프랑스에서는 지나치게 마른 몸매의 모델이 활동할 수 없도록 하는 법안이 통과되었어. 체질량지수가 일정 수준 이하인 모델은 패션쇼에 설 수 없고, 이를 위반하는 업체에게는 최대 75,000유로의 벌금이나 징역 6개월에 처하도록 하는 내용이었지. 이제 프랑스 모델들은 패션쇼 무대에 오르기 전에 체질량지수가 적힌 진단서를 제출해 지나치게 마른 것이 아닌지 확인받아야 한단다.

이런 법안이 통과된 이유는 무엇일까? 광고나 패션쇼에 마른 몸매의 모델을 주로 기용하면서 문제가 생겼기 때문이야. 마른 몸매를 강요받은 모델들이 무리하게 다이어트하고 스트레스와 우울증, 거식증 같은 섭식장애를 앓는 일이 적지 않게 생긴 거야. 2010년에는 프랑스의 한 모델이 거식증을 앓다 영양실조로 사망한 사건이 있었어. 그 모델은 당시 165cm의 키에 31kg 정도의 체중으로 앙상하게 마른 몸이었어.

문제는 패션 광고에 관심이 많은 평범한 10대 소녀들에게도 나타났어. 비현실적일 정도로 마른 모델의 몸매를 보고 많은 여성 청소년이 자신의 신체에 대한 자신감을 잃고 무리하게 다이어트하면서 거식증 환자가 다수 발생했지. 프랑스에는 약 4만 명 정도의 거식증

환자가 있었고, 그중 90%가 10대 소녀들인 것으로 알려졌어. 프랑스의 모델 규제 법안 통과의 뒤에는 이런 속사정이 있었던 거야.

운동복을 광고하는 플러스 사이즈 모델의 모습.

최근에는 프랑스뿐 아니라 전 세계의 패션 업계에서 새로운 움직임이 나타나고 있어. 기존 모델과 달리 플러스 사이즈 체형을 가진 이들이 모델로 등장하고 있지.

플러스 사이즈 모델은 한국 기준으로 보통 77~88 사이즈에 해당하는 통통한 몸매를 지닌 모델을 이야기해. 일반적인 모델이 44~55 사이즈 정도의 마른 몸매를 지닌 것과는 대조적인 모습이지.

플러스 사이즈 모델로 가장 유명한 사람은 미국의 애슐리 그레이엄이야. 175cm의 키에 80kg인 그녀는 "당신의 나이나 사이즈 같은 숫자는 중요하지 않다. 몸의 곡선을 받아들여라"라고 이야기했어. 당당함에서 나오는 아름다움이 무엇인지 잘 보여주는 발언이었지.

미국의 한 속옷 브랜드인 A사에서도 새로운 변화를 주도하는 광고를 만들고 있어. 기존의 날씬한 몸매를 가진 속옷 모델뿐만 아니라 통통한 몸매를 가진 여성, 탈모나 백반증을 지닌 여성들을 다양하게 모델로 기용하고 있지. 또한 A사의 광고는 다른 속옷 브랜드의 광고와 달리 모델의 거친 피부 결이나 잡티 등을 전혀 보정하지 않는 것도 특징이야. 날씬한 몸매나 고운 피부를 가지지 않아도 자연스러운 아름다움을 뽐낼 수 있음을 보여 주는 셈이지.

플러스 사이즈 모델의 등장과 혁신적인 A사의 광고는 마른 체형, 하얗고 고운 피부만이 미(美)의 성역이 아니라는 것을 나타내고 있어. 이러한 세계 패션 업계의 변화는 살이 쪄 보인다는 이유로 '자기 관리를 하지 않고 게으르다'며 연예인에게 악성 댓글을 다는 우리 사회의 분위기에 일침을 가하고 있지.

타고난 외모, 능력도 죄도 아닌 이유

이 기나긴 이야기는 '예쁘고 잘생겼으니 용서해 준다'는 말에서 시작했어. 이 말은 단순한 농담이 아니라 현실 속 외모에 대한 인식을 잘 보여 주는 이야기야. 미디어와 사회 곳곳에서 우리는 비슷한 논리를 마주치게 된단다. 드라마 주인공이 살을 빼고 안경을 벗을 때, 우리는 그 인물이 앞으로 드라마 속에서 성공을 거둘 것임을 짐작해. 현실에서도 화려한 취업 성공을 위해 많은 사람이 미용성형으로 외모를 바꾸고 싶어 하지.

외모가 훌륭하다면 사회적 성공을 이루는 것이 당연할까? 그렇다면 외모가 훌륭하지 않은 사람은 취업이나 결혼에 실패하고 타인에게 비난받아 마땅할까? '나는 그런 편견에 가득 찬 사람이 아니다'라고 이야기하고 싶겠지만, 우리 역시 다른 사람의 외모를 칭찬하거나 비하하면서 외모 차별을 당연하게 여기는지도 몰라. 반대로 다른 사람에게 그런 차별을 받고 있는 중일지도 모르지. 우리는 대부분 외모 차별의 피해자인 동시에 가해자이기도 하거든.

이제 가장 근본적인 질문을 던져 보자. 외모가 훌륭하다는 건 도대체 누가 정한 기준일까? 미디어에 등장하는 아이돌이나 모델의 외모가 정말 유일한 아름다움일지 TV 방송, 유튜브 동영상, 인터넷 기사와 댓글 등을 보면서 한번 생각해 봐. 누군가의 생김새를 바라볼 때 그 사람 나름대로의 아름다움을 찾고 인정해 주는 일. 이것이 외모 지상주의를 바꾸는 가장 중요한 사고방식일 거야. 외모는 능력도 죄도 아닌, 그저 타고난 겉모습일 뿐이니까 말이야.

이력서에 사진을 붙이지 않는 나라들

이력서는 기업이 구직자의 학력이나 관련 업무 능력 등을 파악하는 데 활용하는 하나의 도구이다. 사진은 이력서에 자연스럽게 들어가는 사항 중 하나로, 우리나라에서는 주로 반명함판 사진을 이력서에 붙여 낸다.

그런데 이력서에 사진을 넣지 않는 국가들이 있다. 미국에서는 1960년대부터 이력서에 사진을 붙이는 것이 금지됐다. 다른 나라에서도 이력서에 사진을 굳이 넣지 않는 일이 비교적 흔하다. 그 이유는 능력이나 경력이 아니라 외모를 기준으로 채용이 이루어져 불평등이 발생하는 것을 막기 위해서이다.

우리나라 역시 고용노동부에서 만든 표준이력서에는 사진을 부착하는 곳이 빠져 있다. 그러나 사진 부착을 금지하는 구체적인 규정이 정해져 있는 것은 아니다. 채용 조건에 '용모 단정'이라는 말을 덧붙인 구인 광고도 간혹 존재한다. 특히 주로 여성이 근무하는 서비스 직종에 이런 채용 조건이 붙는 경우가 많다. 대부분의 분야에서 외모가 업무 능력과 직접적으로 연관되지 않는 경우가 많음에도 아직까지 많은 기업에서 취업 지원자의 '단정한 용모'에 관심을 기울이고 있다. 법적 규제나 권고가 이루어지지 않는 이상 이런 현상은 계속해서 이어질 가능성이 높다. 이력서의 사진 부착 금지 같은 사소한 제도 변화에도 우리가 관심을 기울여야 할 이유다.

부록
차별과 혐오를 넘어서는 토론

수시 vs 정시
무엇이 더 공정한가

———

수시와 정시 비중에 대한 논쟁은 대학 입시의 공정성을 둘러싼 주요한 이슈 중 하나이다. 대학 입시 제도는 크게 수시 전형과 정시 전형으로 나뉜다. 수시 전형은 내신성적과 학교생활기록부를 바탕으로 대학이 학생을 선발하고, 정시 전형은 1년에 한 번 치러지는 대학수학능력시험 성적을 주요한 기준으로 학생을 선발한다. 2000년대 이후부터 수시 비중이 크게 늘고 정시 비중이 줄었으나, 2019년 내신시험 비리 등의 문제로 수시 제도의 공정성에 대한 지적이 나오자 서울 지역 대학을 중심으로 정시 전형 입학 비중을 늘리겠다는 대학 입시 개편안이 나오기도 했다.

사회문제 토론 동아리에서는 대입에서 정시 전형의 비중을 늘리는 것이 옳은가를 두고 찬반 토론을 벌이기로 했다.

찬성 입장 : 저희는 대학 입시에 정시 전형 비중을 늘리는 것에 찬성합니다. 학생부종합 전형을 비롯해 그동안 높은 비중을 차지해 왔던 수시 전형은 학부모나 사교육의 개입이 중요해 이른바 금수저에게 유리하다고 생각합니다. 동아리나 봉사활동, 진로활동 등의

스펙을 쌓는 것 역시 부모님이 경제적 여유가 있거나 사회적 지위가 높은 학생에게 유리합니다. 이처럼 수시는 공정성이 떨어질 수 있기에 정시 비중을 늘려야 한다고 생각합니다.

반대 입장 : 수시 전형에 사교육의 영향이 크다고 말씀하셨는데, 수학능력시험을 바탕으로 하는 정시는 과연 다를까요? 수능시험 역시 사교육을 통해 점수를 올리는 것이 가능합니다. 일찍이 수시 전형의 비중이 높아졌던 이유도 공교육 황폐화 등 정시의 문제점을 보완하기 위해서였습니다. 정시의 비중이 확대되면 수능시험 준비를 위한 사교육이 성행하고, 학교 수업은 문제 풀이를 위한 수업이 될 것이라 생각합니다. 심지어 수업을 듣지 않고 학원에 가서 수능시험 준비를 하는 학생이 늘어나지 않을까요?

찬성 입장 : 수능시험에 대해서 오해를 하고 계신 것 같네요. 수능시험은 모든 학생에게 공개된 교과서나 기출문제, 참고서를 기반으로 만들어집니다. 결국 학생 스스로 치른 시험으로 대입이 결정되는 것이니, 적어도 수시보다 공정하다고 생각합니다. 이제는 EBS나 인터넷 강의 등으로 수능시험을 준비하기 위한 사교육비가 절감되기도 하고요.

반대 입장 : 수능시험이 더 평등한 기회를 보장한다고 하셨는데, 정시 확대가 오히려 상위 계층에게 유리한 시험이 될 수 있습니다. 2016~2018년 조사 결과, 서울대학교 정시 모집 입학생 중 24.5%가 사교육이 많이 이루어지는 서울 강남 3구와 양천구에서 나왔습니다. 사교육에 투자하는 돈에 비례하여 수능 성적 역시 올라갈 수 있다는 이야기입니다. 오히려 수시 전형의 기회균등 전형이나 지역인재 전형 등이 저소득층이나 지방에 있는 학생들에게 고루 기회를 주는 것으로 나타났습니다.

찬성 입장 : 그런 점은 정시를 확대하면서 수능시험의 문제점을 고쳐 나가거나 사교육 결손을 메꾸어 주는 방식으로 보완해 나가면 된다고 생각합니다. 수시 전형에는 치명적인 약점이 있기 때문입니다. 동아리, 봉사활동 등 수시 전형을 위한 활동에 부모의 개입이 있었습니다. 수시 전형을 위해 성적이나 스펙을 쌓는 절차에도 부정한 방법이 동원되었습니다. 교수인 아버지가 다른 교수에게 부탁해 자녀의 이름을 논문 저자로 올리거나 심지어 내신시험에도 비리가 있었음이 이미 밝혀진 바 있습니다.

더구나 일반적인 고등학생에게는 수시 전형을 준비하는 부담이 큽니다. 내신성적을 쌓는 동시에 봉사활동이나 동아리 활동을 하고, 수상 실적까지 쌓는 것이 쉬운 일일까요?

반대 입장 : 앞서 말씀하신 수시 전형의 투명성을 확보하기 위해 교육부도 학생부종합 전형을 개선하고 수시 전형을 손보고 있습니다. 수시 전형 역시 많은 시행착오가 있었던 만큼 계속적인 수정 보완이 필요하겠지요. 그러나 1년에 한 번 보는 시험으로 줄 세우기를 하는 정시 전형보다는 다양한 각도로 학생을 평가하고 선발하는 수시 전형의 비중을 늘리는 것이 올바른 방향이라고 생각합니다. 앞으로는 오지선다형 시험을 잘 보는 사람보다 다양한 능력을 지닌 인재를 뽑을 필요가 있으니까요.

찬성 입장 : 정시 전형을 줄 세우기라고 하셨는데, 수시 전형은 크게 다를까요? 결국 내신성적과 그 외 교내 활동 및 수상 경력으로 학생들을 줄 세웁니다. 어차피 줄 세우기를 할 바에야 학생들이 시험을 치고 그 성적대로 대학에 들어가는 것이 더 투명한 절차라고 생각합니다.

사회자 : 양측의 의견을 들어 보니 수시 전형과 정시 전형 각각의 공정성, 투명성을 깊이 논의해 보아야 한다는 생각이 듭니다. 공교육의 정상화와 학생의 부담을 줄일 수 있는 방안에 대해서도 생각해 보아야겠네요. 양측의 의견 잘 들었습니다. 감사합니다.

양성평등 vs 역차별
고위직에 여성할당제를 실시하는 것이 맞을까?

─────────

여성할당제는 여성에 대한 차별을 없애기 위해 사회의 각 분야에서 채용이나 승진 할 때 일정 비율을 여성에게 배분하는 제도이다. 1990년대에는 공무원 임용 시험에 '여성공무원 채용목표제'가 존재했으나 2003년부터는 '양성평등채용목표제'로 그 이름과 취지가 바뀌었다. 최근에는 여성 장관이나 국회의원 비율, 일반 기업의 고위직 등에 여성할당제를 도입해야 한다는 의견도 나오고 있다.

사회문제 토론 동아리에서는 고위직 여성할당제를 주제로 토론이 열렸다.

찬성 입장 : 고위직 여성할당제는 우리 사회의 여성에게 존재하는 유리천장을 깨는 데 큰 도움을 주리라 봅니다. 2017년 조사에 따르면 국내 500대 기업 기준 여성 고위 임원 비율은 3.6%에 불과합니다. 전체 공무원 중 여성의 비율은 절반에 가까운 46.7%인데, 고위 공무원의 여성 비율은 6.8%에 그칩니다. 고위직에 남성 쏠림 현상이 심각하다는 것을 알 수 있지요. 만약 고위 임원직에 여성 비율을 할당한다면 여성에게 존재하는 차별의 벽을 깨는 데 도움이 될 수 있습니다.

반대 입장 : 여성의 고위 임원 비율이 낮은 것은 연령이 높아져 고위 임원이 될 나이에 여성들이 결혼을 택하고 직장을 포기하면서 낮 아지는 것이지 사회의 제도적 차별 때문이 아니라고 생각합니다.

찬성 입장 : 여성이 일할 의지나 승진에 대한 욕심이 부족한 편이 아 니라 가사와 육아 노동에 대한 부담 때문에 중간에 일을 포기하는 것 아닐까요? 한국보건사회연구원의 보고서에 따르면 맞벌이 부 부의 주중 가사 시간은 남편이 17.4분, 아내가 129.5분으로 나타났 고, 주중 육아 시간도 아내가 52.2분으로 남성(14.9분)보다 3.5배 많 습니다. 이런 문제가 여성의 고위직 진출을 가로막고 있음을 알려 주지요.

반대 입장 : 가사와 육아 노동 부담 때문에 여성에게 사회적 차별이 있다면, 기업의 연장 근무를 줄이고 육아휴직제도를 개선하는 데 힘써야 한다고 생각합니다. 이미 여성의 사회 진출 및 승진 기회에 대한 제도는 충분히 마련되어 있지 않나요?

우리나라는 능력과 노력에 따라 보상을 주는 사회입니다. 고위직 여성할당제는 정당한 능력에 따른 보상을 막을 수 있습니다. 오히 려 남성에게 역차별이 될 수 있지요. 업적이나 능력이 뛰어남에도 불구하고 여성할당제에 의해 취업이나 승진 기회를 잡지 못하는 남성도 생길 수 있는 것 아닌가요?

찬성 입장: 여성이 정치·경제 등의 분야에서 고위직에 오르지 못하는 것은 업적이나 능력이 부족하기 때문이 아닙니다. 남성 중심적인 조직 문화에서 여성이 살아남기 어려운 상황 때문이라고 생각합니다. 취업 당시에는 뛰어난 여성 인력이 충분하지만, 여성에게 주요 업무를 주지 않거나 보조적인 역할로 취급하는 등의 차별을 겪습니다. 만약 법률이나 제도가 사회적으로 능력을 발휘할 기회를 보장한다면 여성도 경력을 충분히 쌓을 수 있고, 성 역할에 대한 고정관념도 바뀔 수 있습니다.

반대 입장: 말씀하신 문제는 조직의 문화를 바꾸는 노력을 통해 해결될 것이라 봅니다. 고위직에 여성 비율을 강제로 할당하는 것은 말이 안 된다고 봅니다. 오히려 여성할당제 때문에 상대적으로 능력이 부족한 여성이 고위직에 오르게 된다면 기업 경쟁력에도 도움이 되지 않을 것이고요.

찬성 입장: 저는 오히려 그런 이유로 제도 개선이 필요하다고 생각합니다. 여성의 기회를 제도적으로 보장하면 자연히 조직의 문화가 바뀌지 않을까요?

또한 성별 구성이 다양해지면 기업의 경쟁력을 높이는 데 도움이 된다고 생각합니다. 한 글로벌 컨설팅 기업의 보고서에 따르면, 경영진에 성(性) 다양성이 높을수록 기업의 성과가 높아진다고 합니다. 2016년 모건스탠리인터내셔널이 실시한 조사에서는 기업 이사회 여성 보유 기업이 그렇지 않은 기업보다 재무 성과가 높다는 결과가 나왔습니다. 그러므로 기업의 성별을 다양화하는 것이 도움이 된다고 생각합니다.

사회자 : 토론 잘 들었습니다. 찬성 입장에서는 여성할당제가 유리천장을 깰 수 있는 적극적 평등의 실현이라고 보고, 반대 입장에서는 역차별이라 보고 있군요. 또한 여성의 고위직 비율이 낮은 것이 여성의 자발적 선택인가 아니면 제도적으로 개선이 필요한 사항인가도 중요한 쟁점이라 생각됩니다. 좋은 의견 감사합니다.

개인의 선택 vs 가치관 혼란

동성 결혼 합법화해야 할까?

―――――――

과거에는 남성과 여성이 만나 사랑하고 가정을 이루는 것만이 정상이라고 말하는 시각이 있었다. 그러나 성 소수자의 권리가 조명되면서 세계적으로 동성 간 결혼을 허용하거나 관련 논의가 활발하게 이루어지는 국가가 늘고 있다. 2000년 네덜란드를 시작으로 동성 결혼을 법적으로 인정한 국가가 속속 나타났고, 2019년 아시아 최초로 대만에서 동성 결혼을 합법화해 화제가 되기도 했다. 한국에서 동성 결혼은 인정되어야 하는 것일까?

사회문제 토론 동아리에서도 이 주제로 토론이 열렸다.

찬성 입장 : 저희는 우리나라에서도 동성 결혼을 합법화해야 한다고 봅니다. 동성애는 유전적 질병이나 비정상이 아닙니다. 사회에 존재하는 다양한 삶의 방식 중 하나일 뿐입니다. 사회의 모든 구성원은 평등하게 행복을 추구할 권리를 가지고 있습니다. 이런 시각에서 본다면 동성애자 역시 다른 사회 구성원과 마찬가지로 혼인을 통해 자신의 행복을 추구할 권리가 있다고 생각합니다.

반대 입장 : 혼인은 기본적으로 남성과 여성의 결합입니다. 우리나라의 헌법과 민법에서는 양성에게 혼인을 허용한다고 규정하고 있습니다. 법뿐만 아니라 남녀가 만나 혼인, 출산, 양육을 하며 새로운 구성원을 만들어야 사회가 유지되지요. 일종의 질서가 있는 겁니다. 그런데 동성 결혼 합법화는 사회의 오랜 질서를 깨트리고 가치관의 혼란을 가져올 수 있는 제도라고 생각됩니다.

찬성 입장 : 사회의 질서를 말씀하셨는데, 결혼이 오로지 종족 번식을 위해 있는 것일까요? 만약 임신과 출산이 불가능한 상태의 남녀가 만나 혼인을 원한다면, 그것 역시 사회질서를 무너뜨리는 것일까요? 아닐 것입니다. 무엇보다 동성애자의 결합은 다음 세대를 잇지 못한다고 해서 사회가 막을 수 있는 종류의 것이 아닙니다. 동성 부부도 합법적으로 결혼한 다음 아이를 입양하거나 양육할 수 있도록 인정해 주어야 합니다.

반대 측에서 헌법을 이야기하셨는데, 헌법은 출신지, 성적 취향, 종교, 신념에 의해 권리를 부인당하거나 처벌 위협을 받아서는 안 된다는 평등권을 보장합니다. 낡은 관습과 제도 때문에 사회적 소수자를 차별해서는 안 된다고 생각합니다.

반대 입장 : 우리나라는 현재 OECD 국가 중에서 출산율이 최하위를

달리고 있습니다. 이런 상황에서 동성 결혼이 허용된다면 출산율이 더욱 감소되지 않을까요? 아무리 결혼이 종족 번식을 위한 것이 아니라지만, 저출산인 우리나라의 현실을 감안해야 합니다.

찬성 입장 : 저출산은 남녀의 사회 진출이 늦어지고 맞벌이 부부의 증가, 출산으로 인한 여성의 경력 단절 등 여러 가지 원인을 바탕으로 일어나는 현상입니다. 동성 결혼을 저출산과 연결 지을 필요는 없다고 생각합니다.

반대 입장 : 말씀하신 대한민국의 현실에서 동성 결혼까지 인정하면 저출산 현상이 더욱 심해지지 않을까요? 가치관 혼란뿐 아니라 사회문제도 심각하게 만들 수 있습니다. 동성 결혼 합법화가 흔드는 가치관은 이뿐만이 아닙니다. 지금까지 사회는 오랜 기간 공동체를 이루기 위하여 사회에 적합한 성 역할을 만들어 왔습니다. 그런데 동성애는 이러한 성 역할을 흔들 수 있다고 봅니다.

찬성 입장 : 동성 결혼 합법화로 성 역할이 왜곡된다고 하셨는데, 이들의 결혼을 합법화하는 것은 가정과 성 역할의 새로운 의미를 찾고 재창조하는 데 기여할 수 있습니다. 오래되었다는 이유만으로 전통적 가족과 남녀의 성 역할을 꼭 지킬 필요가 있는지 의문이 드네요.

사회자 : 찬성 측은 사회 구성원이 성적 취향에 따라 차별받지 않을 권리를 중요하게 생각하고 있고, 반대 측은 남녀 간의 결합을 바탕으로 하는 혼인과 사회질서 유지를 중점 사항으로 보고 있군요. 이 두 가지 가치 중 무엇이 우선인지가 중요한 쟁점이라고 생각합니다. 찬반 양측의 의견 잘 들었습니다. 감사합니다.

공평성 확대 vs 효율성 저하
기본소득제 실시는 타당할까?

————

기본소득제는 국가나 정부가 재산이나 소득, 취업 유무의 조건 없이 모두에게 지급하는 소득을 말한다. 현재 우리나라에 시행되고 있는 기초생활수급제나 실업수당 등의 제도는 소득이나 직업 유무에 따른 기준이 있지만, 기본소득제는 그런 기준이 없다. 공동체 구성원에게 평생 동안 충분한 금액을 규칙적으로 지급하는 것을 원칙으로 하는 복지정책이다. 과학기술의 발달과 소득 불평등의 심화로 전 세계적으로 기본소득제에 대한 논의가 나오고 있다.

사회문제 토론 동아리에서도 기본소득제에 대한 논의가 열렸다.

찬성 입장 : 저희는 기본소득제 실시에 찬성합니다. 4차 산업혁명의 발달로 인공지능, 자동화 로봇 등이 등장하면서 앞으로는 전 세계적으로 일자리가 감소할 것으로 보고 있습니다. 2016년 세계경제포럼(다보스포럼)에서 발표한 미래고용보고서에 의하면 향후 5년간 기술혁신으로 전 세계에서 약 500만 개의 일자리가 사라질 것으로 예상했습니다. 이러한 현상이 벌어지면 일자리가 없어 노동으로는 먹고살기 힘든 사람이 늘어날 것입니다. 이에 앞서 기본소득을 보장해 주는 정책이 마련되어야 한다고 생각합니다.

반대 입장 : 일자리를 보장해 준다는 기본소득의 도입 취지는 이해하지만, 가장 중요한 것은 실현 가능성입니다. 5000만 명의 국민에게 매달 30만 원씩 기본소득을 지급하려면 연간 180조 원이 필요하다는 조사도 있습니다. 이 금액은 결국 국민 모두에게 큰 부담으로 다가올 것입니다. 현재처럼 꼭 필요한 사람에게 필요한 만큼 국가가 지원해 주는 것이 현실적으로 옳다고 생각합니다.

찬성 입장 : 2014년에 벌어졌던 송파 세 모녀 사건을 아시나요? 세 모녀는 생활비가 부족해서 자살을 택할 정도였지만, 정작 지원 기준에 맞지 않아 기초생활보장제도의 혜택을 받지 못했습니다. 현재 시행하고 있는 것처럼 국가가 필요한 사람을 뽑아 지원을 한다면,

정작 지원이 절실한 사람이 혜택을 받지 못하는 사각지대가 생깁니다. 이런 일을 방지하기 위해서는 기본소득제처럼 보편적으로 모든 사람에게 혜택이 돌아가는 복지제도가 필요합니다.

반대 입장: 사각지대가 생기는 것은 기존의 사회보장제도를 더 철저하게 보완하는 것으로 충분합니다. 기본소득제의 긍정적 효과보다 오히려 수급자들을 나태하게 만드는 부작용이 더 커지지 않을까요? 이 때문에 국가의 경제성장이 어려워질 수도 있습니다.

찬성 입장: 말씀하신 이야기는 "일하지 않는 자, 먹지도 말라"는 노동에 대한 오래된 고정관념에서 비롯된 것입니다. 사람들은 소득뿐 아니라 자아실현이나 삶의 의미를 찾기 위해 노동하기도 하지요. 기본소득제를 통해 생활이 안정되면 결국 자신이 하고 싶은 일을 찾아 의욕적으로 할 수 있지 않을까요?

반대 입장: 기본소득제가 일의 의욕을 북돋을 수 있다고 하셨는데, 핀란드의 기본소득 실험에 대해 이야기하고 싶습니다. 핀란드는 금융 위기가 일고 실업률이 치솟자 실업자 2천 명을 무작위로 뽑아 월 560유로(약 76만 원) 정도의 기본소득을 주었습니다. 2017~2018년 2년에 걸쳐 실험한 결과 취업률이 높아진 것은 아니었죠. 실업

률 측면에서 본다면 이 실험은 실패했어요.

찬성 입장 : 그 이야기는 오히려 왜곡되었습니다. 핀란드에서는 2년 동안 실업급여 수급자를 대상으로 구직 활동을 해야만 실업급여를 받을 수 있는 사람, 구직 활동이나 취업을 하지 않아도 기본소득을 받는 사람 두 그룹으로 나누어 고용률이 얼마나 늘어났는지 살펴본 것입니다. 즉, 실업급여를 받는 사람과 기본소득을 받는 사람 중 누가 더 일을 많이 하는지를 본 것이지요. 실험 결과 기본소득을 받는 사람이 실업급여를 받는 사람보다 고용되어 있는 날이 1년에 6일 정도 많았다고 합니다. 또한 기본소득제가 삶의 만족도 등에서는 분명히 효과가 있는 것으로 입증되었습니다.

반대 입장 : 다르게 생각해 보면 기본소득제는 삶의 만족도를 높이는 일 외에 특별한 효과가 제대로 검증되지 않았습니다. 이 제도 때문에 수많은 국가 예산을 꼭 써야 할까요? 한정된 예산으로 기본소득제를 실시한다면 다른 분야, 예를 들어 빈곤 상태에 빠진 취약 계층을 도울 자금이 부족해집니다. 오히려 일정한 소득을 가진 중산층의 생활에만 도움이 되고 빈곤층 등의 취약 계층에게 돌아가는 혜택은 줄어듭니다. 이것이 평등의 개념에서 옳은 일인지 생각해 볼 필요가 있습니다.

사회자 : 기본소득제를 실시하기 위해서는 불평등을 줄이기 위해 복지가 어떤 방향으로 이뤄져야 할지 사회 구성원들의 합의가 필요하겠군요. 또한 기본소득제의 효과가 구체적으로 어떻게 나타날지 더 많은 연구와 논의가 필요하리라 생각됩니다. 찬반 양측의 의견 모두 감사합니다.

여성의 억압 vs 이슬람 문화 존중
히잡 문화를 존중해야 할까?

———

히잡은 이슬람 여성들이 착용하는 얼굴만 남기고 머리카락을 감싸는 스카프를 말한다. 이러한 히잡의 사용에 대한 세계의 시선이 갈린다. 2017년 3월 유럽사법재판소에서는 유럽연합 내 기업은 앞으로 직원의 히잡 등 종교적인 복장 착용을 금지해도 된다고 판결했다. 신체 전 부위를 가리는 이슬람 여성의 복장인 부르카를 금지하는 국가는 더욱 많다. 2019년 네덜란드에서는 공공장소에서 부르카를 착용한 여성에게 얼굴을 드러낼 것을 요구하고, 이를 거부하면 벌금을 물거나 공공장소 출입을 거부하기로 결정했다. 히잡이나 부르카와 같은 복장도 이슬람 고유의 문화로 존중해야 할까?

사회문제 토론 동아리에서는 히잡 착용에 대한 의견을 토론했다.

찬성 입장 : 저는 전 세계 국가가 히잡 착용을 존중해야 한다고 생각합니다. 히잡은 이슬람교의 경전인 코란에 적혀 있을 정도로 역사가 깊은 이슬람 전통 복장입니다. 과거 유목민 부족 간 전쟁이 빈번했던 이슬람 문화권에서 여성을 적으로부터 보호하기 위해 생긴 문화이지요. 전 세계의 문화는 각각 고유의 역사적 맥락 속에 생긴 만큼 존중받을 이유가 있다고 생각합니다. 히잡 역시 마찬가지입니다.

반대 입장 : 모든 문화는 존중받을 가치가 있다는 문화 상대주의, 저도 찬성합니다. 그러나 히잡은 여성 인권을 억압하는 상징물 아닌가요? 애초부터 여성을 남성보다 열등한 존재로 보고 신체를 가려야 한다는 사고방식에서 출발한 문화이지요. 또한 사우디아라비아나 이란에서는 히잡 착용이 법적으로 여성에게 강요되고 있습니다. 자유로운 선택권 없이 히잡 착용을 강요한다면 보편적 인권과 평등의 권리를 침해하는 것이지요. 이러한 문화까지 인정한다면 극단적 문화 상대주의에 해당하지 않을까요?

찬성 입장 : 여성의 인권을 이야기하셨는데, 이란과 사우디아라비아를 제외한 대부분의 이슬람 국가에서 여성들은 자유롭게 히잡을

착용할지 말지 선택할 수 있습니다. 오히려 히잡을 개인의 성향에 맞게 활용해서 자신의 주체성을 드러내는 경우도 있습니다. 이탈리아 명품 패션 브랜드에서 무슬림 여성을 겨냥한 히잡 컬렉션을 출시한 일도 있었습니다. 히잡 착용을 금지하는 것이야말로 차별에 해당하며, 보편적 인권을 침해하는 일이 될 수 있습니다.

반대 입장 : 과연 무슬림 여성들이 히잡 착용을 자유롭게 결정할 수 있을까요? 남성이나 가족의 억압적 분위기 때문에 히잡을 억지로 쓰는 경우도 많습니다. 이것이야말로 여성에 대한 강요라고 생각합니다.

찬성 입장 : 히잡이 여성차별이라는 것은 서양 국가들이 만든 편견일 수도 있습니다. 히잡을 옹호하는 여성들 사이에서 '히잡 페미니즘'이라는 말도 생겨났다고 합니다. 이들은 여성의 사회 참여와 발언권을 늘리기 위해 히잡을 적극적으로 받아들여야 한다고 주장합니다. 만약 일자리나 공공장소에서 히잡 착용을 금지한다면, 유럽에 있는 무슬림 여성은 일터나 공공장소에서 자유롭게 활동할 권리에 제약이 생깁니다. 이것이야말로 평등권 침해라고 생각합니다.

사회자 : 양측의 의견 잘 들었습니다. 결국 히잡이 여성의 인권을 억

압하는 문화인지, 자유와 정체성을 존중하는 문화인지를 더 생각해 보아야겠군요. 좋은 의견 펼쳐 주셔서 감사합니다.

개인의 자유 vs 외모 지상주의
청소년 미용성형 괜찮을까?

———

학원가 근처에 늘어선 성형외과 광고판, 수험생이 여러 부위를 수술하면 할인해 준다는 광고 문구가 눈에 띈다. 많은 청소년 역시 미용성형을 통해 예쁘고 멋진 외모를 갖고 싶은 바람이 있다. 2019년에 통계청이 시행한 성형수술 경험 및 목적 조사에 따르면, 만 15~18세 청소년 중 성형수술을 한 청소년의 비율은 3.9%였다. 그리고 이 중 81.1%가 미용 목적으로 성형을 택한 것으로 나타났다. 수많은 성형 광고가 부추기는 청소년 미용성형, 괜찮은 것일까?

사회문제 토론 동아리에서는 청소년 미용성형에 대한 찬반토론이 열렸다.

찬성 입장 : 저는 미용을 위해 청소년이 성형을 하는 것은 개인의 자유라고 생각합니다. 헌법에 의하면 우리나라 국민이라면 누구나 더 행복해지기 위해서 자신의 행동을 결정할 행복추구권이라는 것이 있

습니다. 청소년은 자신의 행복을 추구하기 위해 '미용성형'이라는 행동을 선택할 자유가 있습니다.

반대 입장: 미용성형으로 외모가 출중해진다고 해서 반드시 행복해질까요? 저는 청소년들이 행복보다는 타인과의 외모 비교를 통한 우월감을 얻기 위해 미용성형을 택한다고 생각합니다.

찬성 입장: 성형수술을 통해 얻을 수 있는 것이 외모 우월감뿐이라고 했지만, 실제로 좋은 외모는 그 이상의 이득을 준다고 생각합니다. 외모는 취업, 사회생활, 대인관계에서 중요한 영향을 끼칩니다. 따라서 사회생활을 원만히 하고 자신감을 갖기 위해서 자신의 외모를 가꿀 수 있다고 생각하고, 청소년도 예외가 아니라고 봅니다.

반대 입장: 외모가 사회생활에 영향을 끼칠 수 있다는 사실은 인정합니다. 하지만 청소년기는 아직 가치관이나 자아 개념이 완전히 형성되지 않은 시기입니다. 주변 분위기나 성형 광고에 휩쓸려 성형을 하게 되면 뒤늦게 후회할 수 있어요. 때문에 호주나 대만 같은 나라에서는 청소년 미용성형을 금지하는 법안이 존재하고 있습니다.

찬성 입장: 성형수술의 부정적인 면만을 강조하지 말고 반대로 긍정

적인 면도 생각해 봐야 합니다. 외모는 청소년의 학교생활과 정서에도 많은 영향을 미칠 수 있습니다. 외모가 중요시되는 사회 분위기에서 10대만 외모로 인한 불이익을 감수하고 지내야 할까요? 단순히 연령 때문에 청소년의 성형을 반대한다면 불공평한 일이라고 생각합니다.

반대 입장: 개인의 자유와 선택으로 두기에는 성인과 달리 청소년의 미용성형은 의학적 위험성이 있습니다. 청소년기는 아직 신체 발육이 끝나지 않은 시기입니다. 그래서 성형수술로 인해 뼈가 기형으로 바뀌거나 성형 부작용으로 재수술을 해야 하는 경우도 생깁니다. 저는 위험한 선택은 미리 막아야 한다고 생각합니다.

사회자: 청소년 미용성형을 개인이 가진 선택의 자유로 보아야 할지, 성형 중독이나 부작용 등을 이유로 들어 규제해야 할지 생각해 보아야겠군요. 찬반토론 잘 들었습니다. 감사합니다.

참고문헌

김지혜, 『선량한 차별주의자』, 창비, 2019.

대니얼 해머메시, 『미인경제학』, 안규남 옮김, 동녘사이언스, 2012.

데이비드 굿하트, 『엘리트가 버린 사람들』, 김경락 옮김, 원더박스, 2019.

류승연, 『사양합니다, 동네 바보 형이라는 말』, 푸른숲, 2018.

마거릿 미드, 『세 부족사회에서의 성과 기질』, 조혜정 옮김, 이화여자대학교출판
    문화원, 1998.

마빈 해리스, 『음식문화의 수수께끼』, 서진영·박종렬 옮김, 한길사, 2018.

말콤 글래드웰, 『아웃라이어』, 노정태 옮김, 김영사, 2009.

변순용 외, 『고등학교 생활과 윤리』, 천재교육, 2016.

소스타인 베블런, 『유한계급론』, 이종인 옮김, 현대지성, 2018.

신형민, 『완자 자율학습시 비상구 완자로 53-사회·문화』, 비상교육, 2018.

이완배, 『생각하는 십대를 위한 토론 콘서트-경제』, 꿈결, 2016.

조현준, 『쉽게 읽는 젠더 이야기』, 행성B, 2018.

최정표, 『한국재벌사연구』, 해남, 2014.

김지숙, 「빈곤포르노현상(Pornography of Poverty)에 대한 비판적 연구 : 국내 온라인 모금 사례를 중심으로」, 경희대학교 공공대학원, 2017.

박지훈·이진, 「성소수자에 대한 미디어의 시선 : 텔레비전에 나타난 홍석천과 하리수의 이미지 유형을 중심으로」, 『미디어, 젠더 & 문화』 28호, 2013.

변영순·이난희·이경희, 「여대생의 섭식문제 관련요인」, 『기본간호학회지』 21권 4호, 2014.

이진영, 「자녀의 학력이 부자간 소득계층 대물림에 미치는 영향」, 『노동경제논집』 40권 3호, 2017.

이현정·안재웅·이상우, 「다문화 콘텐츠가 다문화 수용성에 미치는 영향에 관한 실증연구」, 『한국언론학보』 57권 3호, 2013.

이혜미·유승호, 「문화콘텐츠의 인정 효과 : 성소수자에 대한 인식변화를 중심으로(1920-1970)」, 『한국콘텐츠학회논문지』 18권 7호, 2018.

장은미, 「미디어 속 다문화 재현의 문제점」, 『미디어 리터러시』 여름호(통권 05호), 2018.

주혜연·노광우, 「드라마 속에 재현된 외국인과 한국의 다문화주의」, 『만화애니메이션연구』 32호, 2013.

이 장면, 나만 불편한가요?

ⓒ 태지원, 2021

초판 1쇄 발행일 2021년 3월 12일
초판 12쇄 발행일 2024년 10월 1일

지은이   태지원
펴낸이   정은영

펴낸곳   (주)자음과모음
출판등록 2001년 11월 28일 제2001-000259호
주소   10881 경기도 파주시 회동길 325-20
전화   편집부 (02)324-2347, 경영지원부 (02)325-6047
팩스   편집부 (02)324-2348, 경영지원부 (02)2648-1311
이메일   jamoteen@jamobook.com

ISBN 978-89-544-4676-1 (44080)
     978-89-544-3135-4 (set)